COLLECTION POÉSIE

Tomas Tranströmer

Baltiques

œuvres complètes
1954-2004

Traduit du suédois et préfacé
par Jacques Outin

Avertissement
de Kjell Espmark
de l'Académie suédoise

Postface
de Renaud Ego

Gallimard

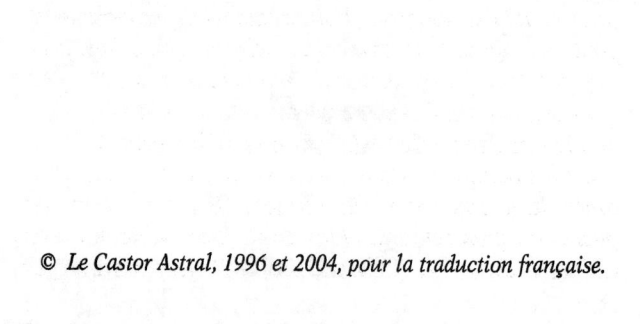

© *Le Castor Astral, 1996 et 2004, pour la traduction française.*

AVERTISSEMENT

Rares sont les auteurs suédois qui ont joué un rôle dans la littérature mondiale. Swedenborg fut l'un d'eux, étrange visionnaire qui influença de manière considérable la littérature européenne et américaine à l'époque du romantisme et du symbolisme. Un autre fut le Strindberg des dernières années, le créateur du **Songe** *et du théâtre intimiste, dont l'influence se retrouve dans tout l'expressionnisme allemand et jusque dans le théâtre de l'absurde français.*

Il semble qu'au niveau international Tomas Tranströmer soit en passe d'acquérir lui aussi une grande importance. Il n'a pas seulement été traduit en plus de cinquante langues — et ceci avec une ferveur telle que ses traducteurs (anglais, hongrois, hollandais, etc.) lui arrachent, pour ainsi dire, des manuscrits à peine achevés. Quelques-uns des plus grands poètes du monde ont aussi été marqués par son art. La question reste encore posée de savoir quelle importance Tranströmer a véritablement eue pour l'œuvre poétique de Robert Bly, son principal traducteur américain. Son interprète chinois, Bei Dao, l'un des poètes les plus remarquables de la jeune génération en Chine, a avoué qu'il l'avait profondément marqué. Et

Joseph Brodsky a qualifié Tranströmer de «poète de première importance, d'une incroyable intelligence», en ajoutant: «Je lui ai volé plus d'une métaphore».

Qu'est-ce qui fait de Tomas Tranströmer un poète acclamé dans le monde entier, un maître tant pour des confrères plus jeunes que plus âgés? La citation de Brodsky me semble, à ce propos, être significative. Tranströmer est un des très rares maîtres de la métaphore, chez qui l'image est d'une audace et d'une précision telles qu'elles ne peuvent que provoquer l'admiration générale. Et cela reste la caractéristique la plus immédiate d'un art ayant prouvé, dans son intégralité, qu'il était porteur d'un appel d'une qualité exceptionnelle. Je voudrais même dire que le secret de cette poésie réside dans l'union inattendue de la vision élargie et de l'exactitude sensorielle. Dans un de ses premiers poèmes, Tranströmer évoque un paysage de Turquie qui scintille «dans la lunette du vautour[1]». Cette alliance entre la profondeur du champ et l'acuité visuelle est propre à Tranströmer. Ce qui ne veut pas dire que sa poésie soit traversée de part en part d'une lumière méditerranéenne, ou qu'elle s'arrête à l'observation physique et exacte de la lentille. Tranströmer est plutôt, en bien des points, un mystique guettant dans l'obscurité ces signes qui témoignent d'un ordre suprême, et son écriture ressemble à une série de formules résumant aussi bien le contenu des phénomènes que leurs manifestations ponctuelles. Il refuse pourtant de se voir apposer une étiquette aussi prétentieuse, et préfère une présentation plus modeste et quelque peu ironique de sa personne: «Me voilà, moi, l'homme invisible, peut-être employé par la Grande

---

1. Dans «Izmir à trois heures» (1958), voir p. 63.

Mémoire, à vivre en cet instant[1].» *Il est un observateur chargé de chercher à comprendre et à préciser un cours des choses qui semble impénétrable. Nous voyons le poète reprendre ce rôle dans le poème* Carillon *où, après une confrontation palpable avec le passé, à Bruges, il se retrouve sur son lit dans un petit hôtel sordide:*

Je suis couché sur mon lit les bras en croix.
Je suis une ancre confortablement enfouie qui retient l'ombre profonde au-dessus d'elle,
cette grande inconnue dont je participe et qui est certainement plus importante que moi[2].

Il existe une tension, particulière à Tranströmer, entre un individu de moindre importance et son immense mission, une tension qu'embrasse l'image tout aussi tranströmerienne de l'ancre et de la coque aux contours indécis qui la surplombe, une image qui saisit sensiblement l'insaisissable.

Il est essentiel pour cette relation entre la grande portée et la précision sensorielle, que la dynamique propre à Tranströmer soit centripète. À la différence de bien d'autres poètes ayant une vision cosmique des choses, il ne part pas en promenade entre les étoiles, ne s'élève même pas en un vol d'Icare vers la lumière. D'ailleurs, le premier poème de son premier recueil comporte déjà une attaque discrète contre les ambitions de type ascendant ou expansif: «L'éveil est un saut en parachute hors du rêve[3]» *— ainsi débute ce poème sur une descente*

---

1. Dans «Soir de décembre - 72» (1973), voir p. 182.
2. Dans «Carillon» (1983), voir p. 267.
3. Dans «Prélude» (1954), voir p. 25.

dans l'été terrestre. Chez Tranströmer, les grandes relations causales sont rassemblées en un ici-bas intense et immédiat, en une formule étincelante qui héberge d'autres temps et des ciels lointains. «J'étais en un lieu qui rassemblait tous les instants — un musée de lépidoptères[1]», telle est la définition révélatrice du poème «Secrets en chemin».

Le passé et l'avenir sont ainsi englobés dans le présent. «Les événements futurs, ils existent déjà!» peut-on lire dans un poème les concrétisant dans «une foule de gens qui murmurent au-delà des barrières[2]». Les témoignages de cette présence du passé sont frappants, par exemple lorsque «Goethe partit en Afrique en 1926 dans le costume de Gide et il y vit tout[3]». Les conditions de cette actualisation de l'histoire sont encore précisées dans un poème en prose: «Le temps n'est pas une distance en ligne droite, mais plutôt un labyrinthe, et quand on s'appuie au mur, au bon endroit, on peut entendre des pas précipités et des voix, on peut s'entendre passer, là, de l'autre côté[4].»

Les pays lointains, les temps anciens, même le souffle du Créateur peuvent ainsi se percevoir dans l'ici-bas du poète-rapporteur. Ce mouvement rayonnant vers un centre de perception est la condition première de la fusion si efficace que Tranströmer opère entre la grande portée et l'exactitude sensorielle.

Le public français ne découvre que tardivement ce poète qui, depuis longtemps déjà, a vu chaque nouvelle ligne d'écriture présentée à son public de langue anglaise,

1. Dans «Secrets en chemin» (1958), voir p.64.
2. Dans «En faction» (1973), voir p. 178.
3. Dans «À propos de l'histoire» (1966), voir p. 127.
4. Dans «Répondre aux lettres» (1983), voir p. 248.

et parfois même avant qu'elle n'ait pu atteindre ses lecteurs suédois. On peut se perdre en considérations sur les raisons de ce retard. Il peut s'agir, sur un plan plus commun, de lacunes dans un système de contacts internationaux, et cela pourrait être interprété comme étant le symptôme d'une distance plus cruelle. Tranströmer est très éloigné de la grande tradition rhétorique de la poésie française. Il n'a rien du « grand souffle [1] *». Il est, au contraire, sobre, mesuré, précis, même dans ses rencontres avec le miracle, et il s'exprime avec une subtilité dans la métaphore et un sens de l'économie lyrique qui auraient plutôt dû amener les imaginistes anglo-saxons à le compter parmi les leurs.*

Je pense pourtant que cette distance n'est, pour l'essentiel, qu'une apparence. En effet, de nombreux lecteurs français reconnaîtront en Tomas Tranströmer un surréaliste « égaré » retournant tardivement certes, mais de façon bien réelle, chez ses pères. La première grande expérience littéraire de Tranströmer fut d'ailleurs la lecture d'un ouvrage de traductions — de textes de Breton avant tout et des poètes de son cénacle —, les **19 poètes modernes français** *d'Erik Lindegren et Ilmar Laaban. La métaphore déconcertante, le miracle poétique et la valeur accordée au rêve sont les étapes d'une expérience qui n'a jamais perdu de son intensité pour lui. Bon nombre de ses poèmes commencent d'ailleurs dans le rêve, dans une tentative d'interprétation de ce que le rêve essaie de nous dire sur les grands systèmes auxquels il semble impossible d'accéder par d'autres moyens. L'écriture automatique par contre, n'a jamais exercé sur lui la moindre fascination. Au milieu d'un flot de signaux*

---

1. En français dans le texte.

venant des profondeurs de l'être et du cœur des grandes ténèbres, Tranströmer garde le contrôle énergique de l'intellect, là où pas un mot n'est fortuit. Mais dans ces moments d'illumination intense, dans ces stupéfiantes associations d'images et dans cet art de la suggestion apparenté au rêve, le lecteur français retrouvera un grand héritier d'une illustre tradition poétique.

KJELL ESPMARK
Membre de l'Académie suédoise

TOMAS TRANSTRÖMER,
POÈTE DU SILENCE

> Las de tous ceux qui viennent avec des mots,
> des mots, mais pas de langage,
> je partis pour l'île recouverte de neige.
> L'indomptable n'a pas de mots.
> Ses pages blanches s'étalent dans tous les sens!
> Je tombe sur les traces de pattes d'un cerf dans la neige.
> Pas des mots, mais un langage[1].

Lars Gustafsson affirme que la poésie a toujours dominé la littérature suédoise et qu'en Suède, le prestige du poète l'emporte souvent sur celui du prosateur. Rien d'étonnant donc à ce que Tomas Tranströmer soit considéré dans son pays comme l'un des auteurs marquants de notre époque — aux côtés de Gunnar Ekelöf et Harry Martinson. Et ce malgré une œuvre que certains jugent réduite, puisqu'elle regroupe une douzaine de titres couvrant une période de cinquante années d'écriture.

Tranströmer entre en littérature au milieu des années 50. Il appartient donc à la génération ayant suivi Karl Vennberg et Erik Lindegren: le jeune écrivain se fait immédia-

---

1. Dans «En mars - 79» (1983), voir p. 244.

tement remarquer par un style comprimé, d'une grande sobriété, que caractérisent les ellipses et un remarquable emploi des métaphores. Une poésie qui reflète d'intenses expériences émotionnelles et mystiques. D'emblée, cette voix particulière étonne : elle est concise, d'une clarté absolue et d'une intensité visionnaire éblouissante. Pour Ingemar Algulin, l'art de la métaphore atteint chez Tranströmer « un niveau de perfection inégalé dans la tradition du modernisme suédois[1] ».

Le succès populaire de Tranströmer — chef de file des modernistes durant les années 50 — semble en partie dû aux choix qu'il opère. Bien que fortement imprégné de culture classique, l'auteur fait fréquemment usage du vers libre, du poème en prose. Et il opte pour une langue épurée, volontairement neutre, faite de phrases courtes, volontiers esquissées. Le ton est souvent laconique, et l'émotion surgit à travers un système de références ne déviant que rarement de celui du lecteur moyen. Pourtant, la grande force de cette écriture réside dans un savant mélange d'allégories et de descriptions exactes de l'univers naturel et cosmique.

> Il arrive au milieu de la vie que la mort vienne
> prendre nos mesures. Cette visite
> s'oublie et la vie continue. Mais le costume
> se coud à notre insu[2].

À l'étranger, Tranströmer a été rapidement reconnu pour son sens de la sobriété et la subtilité de ses méta-

---

1. Ingemar Algulin, *A History of Swedish Literature* (Stockholm, 1989, p. 244).
2. Dans « Sombres cartes postales » (1983), voir p. 256.

phores. L'universalité de son propos, le rythme et la sonorité qui lui sont propres expliquent le succès d'une œuvre aujourd'hui mondialement connue. On comprend cependant mal pourquoi Tranströmer n'a véritablement été découvert en France qu'à la fin des années 80 — et ce malgré diverses tentatives de présentation dans des revues ou des publications restées pour la plupart confidentielles. On a évoqué, pour expliquer cette omission, certains choix éditoriaux, ainsi que l'urgence de publication de textes et d'auteurs jugés autrement essentiels. On a également dit que Tranströmer est resté longtemps méconnu dans le domaine francophone, car il lui manquait le « grand souffle » lyrique qui, sous nos latitudes, fait les vrais poètes.

Toujours est-il qu'au cours des cinq décennies écoulées, Tranströmer n'a cessé de dévoiler les tensions pouvant apparaître entre l'individu et la collectivité, la subjectivité et l'objectivité, l'œil et l'objet. Et qu'il ne cesse de soulever, à travers une série d'expériences intérieures, les grands mystères de l'existence. Son refus n'est jamais explicite, sa critique jamais radicale. On peut affirmer qu'en brillant entomologiste, en parfait connaisseur du monde végétal et marin, en grand observateur du rythme des saisons, Tranströmer s'inscrit dans la tradition de Buffon et du grand Linné, et que l'un des secrets de son œuvre réside dans l'union parfaite de visions fondées sur la mémoire et une exactitude sensorielle extrême.

Un vent tiède frais traverse ma chemise
et touche du doigt le cœur.
Pommiers et cerisiers rient tout bas de Salomon,

fleurissent dans mon tunnel. J'ai besoin d'eux
non pour oublier, mais pour me souvenir[1].

Choix portés sur l'enfance et un passé qu'on pourrait qualifier de généalogique, sur un quotidien fait de réminiscences et de prémonitions. Détails qui surgissent au moment de l'éveil ou au cours d'un voyage, subtils signes annonciateurs de menaces diffuses pesant sur le promeneur qui soudain se retrouve seul. La banalité se mue en son contraire et l'individu se voit subitement contraint de se mettre à l'écoute des messages brouillés d'un indescriptible Ailleurs.

Ces choix intuitifs expliquent en grande partie pourquoi Tranströmer ne participa jamais à la prédication sociale ou politique qu'allaient prôner les représentants de la «nouvelle simplicité» suédoise des années 60. Fidèle à lui-même, et pour cela condamné par la jeune génération des auteurs dits engagés, qualifié d'esprit contemplatif et de collectionneur d'images, Tomas Tranströmer retrouva pourtant sa place naturelle dès que s'amorça le retour au moi des années 70.

Vertiges allégoriques d'un texte qui fait chanceler le lecteur, subitement engagé sur un pont suspendu, une planche instable jetée entre terre et mer, passé et présent, ombre et lumière. Comme chez Sarah Kirsch, le poème s'installe dans un domaine intermédiaire, à la frontière imprécise partageant les deux moitiés de l'univers. Le corps du poète s'immobilise entre ciel et terre, tel celui des ascètes, et Tranströmer y voit un point de jonction

---

1. Dans «Tard en mai» (1973), voir p. 185.

des éléments — une ancre confortablement enfouie dans la vase, qui retient l'ombre du bateau qui la domine, cette grande inconnue dont elle participe et qui est certainement plus importante qu'elle[1].

D'ailleurs, si le poète se compare fréquemment à un tourniquet, à une rue de traverse, à une passerelle de bois blanc, à l'aiguille affolée d'une boussole, à une embarcation en attente entre deux portes d'écluse, c'est aux seules fins de concrétiser l'expérience qui l'amène à nous conduire de l'autre côté du miroir. Dans une sorte de «no man's land» de l'imprononçable, dans ce qu'il appelle ses «préfaces au silence».

Parfois, ma vie ouvrait les yeux dans l'obscurité.
Comme de voir passer dans les rues des foules
aveugles et agitées, en route pour un miracle,
alors qu'invisible, je restai à l'arrêt[2].

Ainsi, le poème semble surgir d'une zone intemporelle et neutre, d'un domaine échappant au contrôle des horloges que Staffan Söderblom appelle un «no man's time[3]*». Et lorsque l'auteur se retrouve au centre des vacarmes du monde, les mots deviennent murmure, l'écriture est peu à peu habitée par le mutisme, le texte se tisse dans l'ombre et le silence.*

Durant cette phase de distanciation et de repos, Tranströmer reste à l'écoute de voix lointaines, tourne son attention vers ce que seule la métaphore semble pouvoir faire remonter à la surface de la conscience.

---

1. Dans «Carillon» (1983), voir p. 267.
2. Dans «Kyrie» (1958), voir p. 66.
3. Staffan Söderblom, «Hur litar man på en dikt? Att läsa Tomas Tranströmer» (*Bonniers Litterära Magasin* n° 4, Stockholm, 1994, p. 4).

2 août. Quelque chose voudrait être
dit, mais les mots ne suivent pas.
Quelque chose qui ne peut être dit,
aphasie,
il n'y a pas de mots, mais peut-être un style[1]...

Douloureusement conscient des limites du langage et de la difficulté de dialoguer avec l'envers des réalités et des choses, Tranströmer accorde une large place au non-dit. Entre les lignes et les mots, il ménage des espaces ouverts où s'entrecroisent autant de réponses sans questions que de questions sans réponses.

Si j'arrivais au moins à leur faire sentir
que ces vibrations, là, sous nos pieds,
veulent dire que nous sommes sur un pont (...)
Je dois me taire. Volontairement!
Parce qu'on dit et redit toujours le «dernier mot».
Parce que bonjour et bonsoir...
Parce qu'au jour d'aujourd'hui...
Parce qu'à la fin, les marges
passent par-dessus les berges
et submergent le texte[2].

En effet, l'écrivain n'est qu'à moitié auteur de la métaphore. Il s'y déplace de manière insatisfaisante, «aigle et taupe à la fois», sans armes ni stratégies, et toujours orphelin de son ombre. Tranströmer lutte donc pour se défaire de l'hermétisme des discours de l'inconscient,

---

1. Dans *Baltiques* (1974), voir p. 200.
2. Dans «La Galerie» (1978), voir p. 227.

d'images qu'il qualifie de «verdâtres et assoupies». Il aspire à atteindre l'autre rive, à ne plus faire qu'un avec son ombre, sa mémoire, sa vision. Mais soudain, au moment où, comme par usure, par frottement, «quelque chose réapparaît, cela se met à ressembler à un sourire (...) quelqu'un s'empare de [son] bras à chaque fois qu'[il] essaie d'écrire[1]*» et «tout ce qu'[il voudrait] dire reluit, hors de portée, comme l'argenterie chez l'usurier*[2]*»: constance donc des moments de paralysie et d'impuissance verbale, dans lesquels le poète voit un reflet de la grande aphasie universelle.*

Il écrivait de la musique sur des textes qu'il ne comprenait plus
— de la même manière
qu'avec nos vies nous exprimons quelque chose
dans le chœur des lapsus fredonnés[3].

Tranströmer dispose de la faculté de regarder au fond du poème comme on regarde au fond d'un puits, pour en retirer des visions, des images et des objets qui semblent arrachés au néant. Il répond ainsi à une nécessité qui le pousse à dégager tous les signes d'un langage situé au-delà du langage: les hiéroglyphes de l'aboiement d'un chien, les cursives des aiguilles d'un sapin, les traces laissées par un cerf dans la neige. Autant de lettres non envoyées — ou jamais reçues — qui surgissent de l'ombre et sont lues à voix basse, sans que jamais on ne sache qui en est l'expéditeur. L'instant suprême semble être celui où l'inaudible vient recouvrir l'alphabet du

1. Dans «Pour Mats et Laila» (1978), voir p. 217.
2. Dans «Avril et Silence» (1996), voir p. 301.
3. Dans *Baltiques* (1974), voir p. 202.

texte pour prendre place dans le poème. Une place invisible, d'où l'indicible nous observe.

Une fois toutes les contradictions levées, l'intérieur et l'extérieur de la réalité des êtres et des choses en arrivent à se côtoyer, comme autant de fragments « du grand style nocturne[1]*» qui nous aurait frôlés.*

La poésie de Tranströmer échappe à la construction et aux systèmes traditionnels, mais elle s'inspire fréquemment du travail de composition musicale et reprend certaines de ses formes. À l'instar de la musique — grande constante dans l'œuvre avec le voyage — où s'harmonisent les flux de la conscience, le poème développe les thèmes de nature, d'amour, de mort — au moyen de retours en arrière, de variations et d'improvisations où, pour citer Geneviève Bergé, « le sens est toujours devant, se glane par petites poignées et s'inscrit simultanément dans le récit : il est mémoire et avancée[2]*».*

Échos d'une sonate de Grieg ou d'un quintette de Schubert, variations sur une passacaille de Bach ou un concerto de Hindemith, l'écriture jaillit, se déverse en cascades ou se dérobe soudain, pour revenir dans une sorte de force tenace et silencieuse.

Ai rêvé que je dessinais les touches d'un piano
sur la table de la cuisine. Sur lesquelles je
jouais, en silence.
Les voisins entraient pour m'écouter[3].

---

1. Dans *Baltiques* (1974), voir p. 201.
2. Geneviève Bergé et Lucien Noullez, «Tomas Tranströmer : une poétique de la communication», *Courrier du Centre international d'études poétiques*, n° 192, Bruxelles, 1991, p. 6.
3. Dans «Funeste gondole n° 2», 1996, voir p. 307.

Comme la musique intérieure et celle des compositeurs, la poésie semble être le lieu privilégié où l'espace et le temps se télescopent, pour luire un instant dans une irrémédiable épiphanie — où tout semble possible, mais où rien n'est interprété. Tomas Tranströmer confie donc au lecteur happé par la pluralité du texte le soin de remplir les vides laissés par le silence et de démêler ainsi l'écheveau de sa propre existence.

Le destin a voulu qu'en novembre 1990, Tomas Tranströmer ait été frappé d'une sorte de «coup de hache[1]» intérieur. Comme ses compatriotes Artur Lundkvist et Bertil Malmberg, le poète est peu à peu revenu de l'aphasie, ce néant au-delà du néant, et il nous apporte depuis lors — dans une série de poèmes d'une concision et d'une clarté prodigieuses — sa réponse à un état qu'il qualifie d'«incroyable affront[2]». Dans sa double lutte contre le mutisme du corps et de l'univers, Tranströmer cisèle aujourd'hui des vers d'airain et de mercure où le verbe cesse de s'esquiver pour devenir la chair fragile et la plus intime de son existence.

JACQUES OUTIN

---

1. Dans «Schubertiana» (1978), voir p. 222.
2. Dans «Comme quand on était enfant» (1996), voir p. 316.

17 POÈMES

17 DIKTER

1954

I

PRÉLUDE

L'éveil est un saut en parachute hors du rêve.
Libéré du tourbillon qui l'étouffe, le voyageur
tombe dans les zones vertes du matin.
Les objets s'enflamment. Il distingue — dans la position palpitante
du pinson — les phares puissants d'un système radiculaire
qui tournoie dans les bas-fonds. Mais au-dessus de la terre
il y a — en un flux tropical — cette verdure aux
bras dressés, à l'écoute
des rythmes d'une pompe invisible. Et il
descend vers l'été, se laisse chuter
dans son cratère éblouissant, glisse
le long du puits d'ères vertes et humides
vibrant sous la turbine du soleil. Ainsi s'arrête
dans l'instant sa course verticale et les ailes se déploient
pour le repos d'un aigle pêcheur au-dessus des eaux qui filent.
Le son banni
d'une trompe de l'âge de bronze
reste accroché au-dessus de l'abîme.

Aux premières heures du jour, la conscience peut étreindre le monde
comme une main saisit une pierre chauffée par le soleil.
Le voyageur est sous l'arbre. Après
sa chute dans le tourbillon de la mort,
une grande lueur : va-t-elle s'étendre sur sa tête ?

II

ARCHIPEL EN AUTOMNE

TEMPÊTE

Soudain, le randonneur croise là un vieux
chêne géant, pareil à un élan de pierre dont
la couronne large de plusieurs lieues fait face à la
    citadelle verdâtre de l'océan de septembre.

Tempête du nord. C'est alors que les grappes
de sorbe mûrissent. Éveillé, dans le noir, on entend
les constellations piaffer dans leurs stalles bien au-dessus
    des arbres.

SOIR-MATIN

Le mât de la lune est pourri et la voile froissée.
Une mouette plane ivre par-delà les eaux.
Le lourd carreau de l'embarcadère a été calciné. Les
    ronces s'affaissent dans l'obscurité.

Je sors de la maison. L'aube frappe encore et encore
les barrières de pierre grise de la mer et le soleil crépite
au plus près du monde. Les dieux de l'été, à moitié
    étranglés, tâtonnent dans les brumes marines.

OSTINATO

Sous le point immobile de l'épave qui tournoie,
l'océan s'ébroue et gronde dans la lumière,
ronge aveuglément son frein d'herbes marines et souffle
    de l'écume sur le littoral.

La terre se couvre d'une obscurité que les chauves-souris
mesurent. L'épave s'immobilise et se change en étoile.
L'océan avance en tonnant et souffle de l'écume sur le
    littoral.

III

CINQ STROPHES À THOREAU

En voici encore un qui a quitté l'enceinte des pierres
avides de la lourde cité. Et l'eau est limpide et salée
lorsqu'elle s'abat sur la tête des vrais exilés.

En un lent tourbillon, le silence est monté jusqu'ici,
du centre de la terre, pour prendre racine, pousser
et ombrager de son épais feuillage l'escalier d'un homme
  que chauffe le soleil.

*

Sans réfléchir, le pied a heurté un champignon. Un
  nuage de poussière
grandit à son bord. Comme des trompes de cuivre,
les racines repliées de l'arbre ont donné le ton et le
  feuillage s'est dispersé, effrayé.

La fuite éperdue de l'automne est son manteau léger
qui ondule jusqu'à ce qu'en meute, des journées plus
  calmes
renaissent du givre et de la cendre pour venir baigner
  leurs griffes dans l'eau de la source.

*

Et celui qui a vu un geyser et que personne ne croit
    avance,
échappé d'un puits comblé comme le fit Thoreau, et il
    sait
s'enfouir au fond de sa verdure intérieure, optimiste et
    malin.

GOGOL

Un veston élimé comme des loups en bande.
Un visage pareil à un éclat de marbre.
Assis au milieu de ses missives, dans ce bosquet qui frémit
de sarcasmes et de malentendus,
et son cœur s'envole tel un papier dans les passages inhospitaliers.

Maintenant, le coucher de soleil se coule tel un renard sur les terres,
embrase les herbes en un instant.
L'espace s'emplit de cornes et de griffes, et plus bas
la calèche glisse comme une ombre entre les jardins illuminés
de mon père.

Pétersbourg est au même degré de latitude que la désolation
(as-tu vu la belle dans sa tour penchée?)
et à la périphérie des quartiers couverts de givre, ce malheureux plane encore
dans son manteau, comme une méduse.

Et, drapé dans ses carêmes, voici celui qu'autrefois les hordes du rire cernaient,
elles qui longtemps sont parties dans des contrées bien au-delà de la limite des arbres.

La table branlante des hommes.
Vois combien la nuit consume la voie lactée des âmes.
Monte dans ton chariot de feu et quitte le pays !

HISTOIRE DE MARINS

Il y a des jours d'hiver sans neige où l'océan est parent
d'un pays de montagne, tapi dans sa parure de plumes
   grises,
un court instant en bleu, de longues heures avec des
   vagues comme des lynx
pâles, cherchant vainement un appui sur le gravier des
   plages.

Ces jours-là les épaves quittent l'océan pour chercher
leurs armateurs, s'installer dans le vacarme de la ville,
   et des équipages
de noyés s'envolent vers la terre, encore plus légers
   que la fumée des pipes.

(C'est dans le Nord que courent les vrais lynx, aux
   ongles affûtés
et aux yeux rêveurs. Dans le Nord, où le jour
habite dans une mine, de jour comme de nuit.

Où l'unique survivant peut s'asseoir
près du poêle de l'aurore boréale et écouter
la musique de ceux qui sont morts gelés.)

STROPHE ET ANTISTROPHE

Le cercle extérieur est celui du mythe. Où le taraudeur
   sombre debout
entre les dos de poissons étincelants.
Si loin de nous! Lorsque le jour
se résume à une agitation suffocante parce que dénuée
   de vent —
comme l'ombre verte du Congo où les hommes
bleus retiennent leur haleine —
lorsque le bois flottant
s'amoncelle le long de la rivière
aux méandres paresseux du cœur.
Un soudain bouleversement : les entravés glissent sous
le repos des corps célestes.
La poupe haute, dans une situation
désespérée, la coque du songe se détache, noire
sur fond rouge clair de bande côtière. Délaissées,
les rames tombent vite
et sans bruit — telle l'ombre de la luge, pareille à un
   chien immense,
qui court sur la neige et
rejoint la forêt.

MÉDITATION INDIGNÉE

La tempête furieusement fait tourner les ailes du moulin
dans la nuit, et elle moud le néant. — Telles sont les
  lois qui t'ôtent le sommeil.
Le ventre du requin gris est ta pâle lanterne.

Les souvenirs diffus tombent jusqu'au fond de l'océan
pour s'y figer en statues singulières. — Les algues ont
  verdi ta béquille. Ceux qui partent
en mer reviennent pétrifiés.

LES PIERRES

Les pierres que nous avons jetées, je les entends
tomber, cristallines, à travers les années. Les actes
incohérents de l'instant volent dans
la vallée en glapissant d'une cime d'arbre
à une autre, s'apaisent
dans un air plus rare que celui du présent, glissent
telles des hirondelles du sommet d'une montagne
à l'autre, jusqu'à ce qu'elles
atteignent les derniers hauts plateaux
à la frontière de l'existence. Où nos
actions ne retombent
cristallines
sur d'autres fonds
que les nôtres.

COHÉSION

Voyez cet arbre gris. Le ciel a pénétré
par ses fibres jusque dans le sol —
il ne reste qu'un nuage ridé quand
la terre a fini de boire. L'espace dérobé
se tord dans les tresses des racines, s'entortille
en verdure. — De courts instants
de liberté viennent éclore dans nos corps, tourbillonnent
dans le sang des Parques et plus loin encore.

ENTRÉE LE MATIN

Le goéland à manteau noir, ce marin du soleil, garde
  le cap.
Sous lui, la mer.
Le monde sommeille encore telle
une pierre multicolore qui repose dans l'eau.
Journée inexpliquée. Des jours —
pareils à l'écriture des Aztèques!

La musique. Et j'étais prisonnier
de sa haute lice,
les bras levés — comme une figure
de l'art populaire.

LA PAIX RÈGNE
DANS L'ÉTRAVE BOUILLONNANTE

Un matin d'hiver, je sentis combien cette terre
avance en roulant. Un souffle d'air
venu des tréfonds crépitait
aux murs de la maison.

Baignée par le mouvement : la tente du silence.
Et le gouvernail secret d'une nuée d'oiseaux migrateurs.
Le trémolo des instruments
cachés montait

de l'ombre de l'hiver. Comme lorsque nous voici
sous le grand tilleul de l'été, avec le vrombissement
de dizaines de milliers
d'ailes d'insectes au-dessus de nous.

LE JOUR CHAVIRE

Immobile, la fourmi fait le guet, scrute
le néant. Et le néant s'entend, au-delà des gouttes du feuillage
assombri et des murmures nocturnes des canyons de l'été.

Le sapin est debout, comme le curseur de l'horloge,
dentelé. La fourmi s'embrase à l'ombre de la montagne.
Cris d'oiseaux! Et enfin. Doucement, le chariot des nuages s'est mis à avancer.

IV

CHANT

La troupe blanche grandissait : mouettes et goélands
dans le costume de toile de ces vaisseaux défunts
qu'entachait la fumée des côtes interdites.

Alerte ! Alerte autour des ordures du caboteur !
Ils s'étaient rapprochés pour former un jeu d'enseignes
qui devaient signaler « une prise par ici ».

Et les mouettes planaient sur des étendues d'eau
où les labours bleutés avançaient dans l'écume.
Une route de phosphore partait en biais vers le soleil.

Mais dans sa préhistoire, Väinämöinen progresse
sur l'étendue océane étincelant aux lueurs de jadis.
À cheval. Les sabots de sa monture ne sont jamais
   mouillés.

Et derrière lui : la verte forêt de sa mélopée.
Où le chêne entreprend un bond millénaire.
Le grand moulin est mû par le chant des oiseaux.

Et l'arbre est prisonnier de ses murmures.
Ses lourds pignons scintillent à la lune
lorsque le pin des terres lointaines s'allume tel un phare.

L'Autre se redresse alors dans son incantation
et la flèche s'enfuit les yeux grands ouverts,
en chantant, dans la baie, comme les migrateurs.

Un temps mort lorsque le cheval se cabre
et se brise au-dessus de la ligne des eaux tel
un nuage bleu sous l'antenne tactile de l'orage.

Et Väinämöinen tombe lourdement dans la mer
(ce drap de sauvetage que tendent les points cardinaux).
Alerte ! Alerte parmi les mouettes à l'instant de la chute !

Pareil à celui qui sans crainte aucune
reste ensorcelé au milieu du tableau de son bonheur,
prosterné avec onze boisseaux de blé.

Les cimes alpines de l'espérance fredonnent dans l'éther,
à trois mille mètres d'altitude, là où les nuages font
une régate. Le squale replet se vautre

dans un éclat de rire muet sous la surface de la mer.
(Mort et résurrection lorsque la vague arrive.)
Et le vent pédale paisiblement à travers le feuillage.

Alors l'orage tambourine sourdement à l'horizon
(comme un troupeau de buffles s'enfuit dans sa poussière).
Le poing de l'ombre se referme sur l'arbre

et renverse soudain celui qui reste ensorcelé
au milieu du tableau de son bonheur lorsqu'il voit
 rougeoyer
le crépuscule sous le masque de sanglier des nuages.

Son sosie est maintenant jaloux
et passe des accords secrets avec sa femme.
Et l'ombre se rassemble en un raz-de-marée

obscur raz-de-marée que les mouettes chevauchent.
Et le cœur à bâbord bouillonne dans les brisants.
Mort et résurrection lorsque la vague arrive.

La troupe blanche grossissait: mouettes et goélands
dans le costume de toile de ces vaisseaux défunts
qu'entachait la fumée des côtes interdites.

Le goéland cendré: un harpon au dos de velours.
Vu de près, c'est une coque couverte de neige
dont le pouls caché lance des éclairs rythmés.

Ses nerfs d'aviateur en parfait équilibre. Il plane.
Il rêve sans appui suspendu dans le vent
un rêve de chasseur aux coups de bec mortels.

Doucement, il descend ailes avides vers la mer
et s'enroule autour de sa proie comme une socquette
avec quelques secousses. Puis il remonte, tel un esprit.

(La résurrection est un rapport de forces
plus mystérieuses que la reptation de l'anguille.
La floraison de l'arbre invisible. Et à l'égal

du phoque gris qui au milieu de son sommeil sous-marin
remonte à la surface de l'eau, reprend son souffle
et replonge — toujours en dormant — vers les bas-fonds

le Dormeur en moi s'est secrètement
rallié *à cette cause* et il est revenu
alors que j'avais le regard fixé sur autre chose.)

Et le moteur diesel cogne sur l'essaim
le long des récifs obscurs, de la faille des oiseaux
où la faim a fleuri en gueules qui béaient.

On les entendait encore à la nuit tombante :
une musique née avant terme et comme jaillie
de la fosse d'orchestre avant que le concert ne débute.

Mais sur l'océan de sa préhistoire, Väinämöinen dérivait
secoué par les moufles de la houle ou allongé
dans l'univers miroitant de l'accalmie d'où les oiseaux

ressortaient agrandis. Et d'une graine perdue, loin
des terres, à la fin de la mer, on vit surgir
des vagues, jaillir d'un banc de brume :

un arbre immense au tronc écailleux, aux feuilles
translucides, et derrière elles
les voiles blanches bombées de soleils lointains

qui avançaient comme en transe. Et déjà l'aigle s'envole.

V

ÉLÉGIE

Le point de départ. Notre bande côtière drapée
de pinèdes s'étend, tel un dragon vaincu
dans la tourbière, entre brume et vapeurs. Et au loin :
deux cargos nous appellent du fond d'un rêve

enrobé de brouillard. Tel est le monde ici-bas.
Forêt inerte, surface immobile de l'eau,
et la main de l'orchidée qui se tend à travers le terreau.
De l'autre côté, au-delà du chenal

mais suspendu aux mêmes reflets : le navire
que le nuage accroche dans son espace d'apesanteur.
Et autour de l'étrave, l'eau reste sans mouvement,
comme posée sur l'embellie. Pourtant la tempête fait
   rage !

et la fumée du bâtiment monte à l'horizontale —
là où le soleil ondule sous son emprise — et le vent
souffle fort au visage de ceux qui veulent accoster.
Remonter à bâbord de la Mort.

Un courant d'air soudain et les rideaux ondoient.
Le silence sonne comme un réveille-matin.
Un courant d'air soudain et les rideaux ondoient.
Jusqu'à ce qu'une porte claque dans le lointain,

très loin, en une tout autre année.

*

Ô terres aussi grises que le manteau de l'Homme des
   marais !
Et l'île noire flotte entre les vapeurs marines.
Où le silence règne, comme lorsqu'un radar se tourne
et se retourne dans la renonciation.

Il y a un carrefour dans chaque instant.
La mélodie des distances y afflue, s'y retrouve.
Tout s'y confond en un arbre touffu.
Où des villes disparues scintillent dans la ramure.

De partout et nulle part, une musique
telle celle des grillons durant la nuit d'août. Tacheté
comme un coléoptère, le voyageur assassiné sommeille
dans la tourbière, ici cette nuit. La sève fait remonter

ses pensées vers les étoiles. Et au fond
de la montagne : la caverne des chauves-souris.
Où s'accrochent en rangs serrés les actions, les années.
Et où elles sommeillent, les ailes repliées.

Un jour, elles s'en iront. Quel tourbillon !
(À distance, une fumée s'échappant de la bouche de la
   grotte.)

Mais l'hibernation de l'été n'a pas encore cessé.
À quelque distance, l'eau murmure. Et dans l'arbre
 obscurci

une feuille se retourne.

*

Un matin d'été, la herse du paysan accroche
les os d'un mort et des habits en loques. — Il est
donc là depuis qu'ils ont drainé les marais
et voilà qu'il se redresse et s'éloigne au grand jour.

Dans chaque canton, les grains dorés tournoient
autour d'un vieux péché. Un crâne cuirassé
dans la terre labourée. Un promeneur sur la route
et la montagne le suit du regard.

Dans chaque canton, le canon du chasseur murmure
aux coups de minuit lorsque les ailes s'ouvrent
et le passé grandit lors de sa chute,
plus noir que l'aérolite du cœur.

L'esprit qui se détourne rend l'écriture vorace.
Un pavillon a claqué, les ailes s'entrouvrent
autour de leur proie. Quel noble voyage!
où l'albatros vieillit en un nuage

dans la Gueule du Temps. La culture est une étape
pour chasseurs de baleine, où l'étranger qui se promène
entre les maisons blanches et les jeux des enfants
ressent chaque fois qu'il respire

la présence du géant assassiné.

*

La pariade des sphères célestes doucement se répercute.
La musique, innocente dans notre ombre,
comme l'eau de cette fontaine jaillissant parmi les bêtes sauvages
artistiquement pétrifiées autour d'un jet d'eau.

Avec des archets déguisés en forêt.
Avec des archets comme des agrès sous l'averse —
la cabine s'aplatit sous les coups de sabot de la pluie —
et au fond, dans la suspension du gyroscope, la joie.

Ce soir transparaît l'accalmie du monde
lorsque les archets se lèvent mais ne bougent pas.
Immobiles dans la brume, les arbres de la forêt
et la toundra de l'eau en multiples reflets.

La moitié silencieuse de la musique est là, comme le parfum
de résine entoure les pins que la foudre a blessés.
Un été dans les bas-fonds de chacun d'entre nous.
Où se défait, au croisement, une ombre

qui s'élance en direction des trompettes de Bach.
La grâce nous donne une soudaine assurance. Laisser
le costume du moi sur cette plage
où les vagues se retirent et se brisent, se retirent

et se brisent.

ÉPILOGUE

La Suède est un bateau qu'on a tiré
à terre, dégréé. Ses mâts se dessinent âprement
sur le ciel crépusculaire. Et le crépuscule dure plus
   longtemps
que le jour — le chemin qui y mène est caillouteux :
ce n'est que vers midi que la lumière arrive
et le colisée de l'hiver se redresse alors
dans la lumière de nuages fabuleux. Soudain,
une fumée monte des villages,
vertigineuse et blanche. Les nuages sont infiniment
   hauts.
Près des racines de l'arbre céleste, la mer laboure
distraite, comme à l'écoute d'on ne sait quoi.
(Invisible, un oiseau passe au-dessus de la moitié
noircie et détournée de l'âme, et réveille
les dormeurs de son cri. Puis le réfracteur
pivote, capte une autre époque,
et soudain c'est l'été : les montagnes mugissent, repues
de lumière et le ruisseau soulève les étincelles du soleil
de sa main translucide... Mais tout cela s'en ira,
comme une pellicule photographique qui se casse dans
   le noir.)

Maintenant, l'étoile du berger pénètre le nuage.
Les arbres, les clôtures, les maisons grandissent, poussent
dans l'avalanche obscure qui croule dans le silence.
Et sous l'étoile, on voit de plus en plus nettement
ce paysage caché qui mène l'existence
des contours de la plaque radiographique de la nuit.
Une ombre tire sa luge entre les maisons.
Qui attendent.

      Et le vent arrive à 18 heures.
Il galope à grand bruit dans la rue du village,
dans la pénombre, telle une horde de cavaliers. Que
ces noirs émois peuvent gronder avant de disparaître !
Les maisons restent prisonnières d'une danse immobile,
dans un vacarme semblable à ceux du rêve. Un coup de vent
après l'autre court sur la baie jusqu'à
la haute mer qui se jette dans la nuit.
Dans l'espace, les étoiles pavoisent le désespoir.
Elles s'allument et s'éteignent aux nuages qui avancent
et ne prouvent leur existence qu'au moment où ils masquent
la lumière, comme les nuages du passé
parcourent les âmes. Lorsque je longe
le chemin des écuries, j'entends dans le tonnerre
piétiner un cheval malade, à l'intérieur.
Et la tempête donne le signal du départ, près d'une
barrière endommagée qui cogne et cogne encore, une lanterne
qui tangue au bout d'un bras, un animal qui caquette

terrifié dans la montagne. Le départ lorsque gronde ce qui
ressemble à un orage au-dessus des étables, lorsque bourdonnent
les fils du téléphone, résonnent des sifflements stridents
et que l'arbre désemparé jette son branchage.

Un son qui se dégage des cornemuses !
Le son de cornemuses qui défilent,
libérateur. Une procession. Une forêt en marche !
Tout cela jaillit autour de l'étrave et l'obscurité progresse,
les terres et les eaux voyagent. Et les morts
qui sont en cale, ils sont avec nous,
sur notre route : un voyage en mer, une pérégrination
nullement effrénée, mais plutôt rassurante.
Et l'univers ne cesse de lever
le camp. Un jour d'été, le vent s'empare
du gréement du chêne et projette la terre en avant.
En cachette, le nénuphar pagaie avec son pied palmé
dans l'étreinte obscure d'un étang qui s'enfuit.
Le bloc erratique s'en va dans les salles de l'espace.
Au crépuscule, en été, on voit les îles décoller
à l'horizon. Les vieux villages ont pris
la route, s'enfoncent toujours plus loin dans la forêt,
sur la roue des saisons, avec le crissement de l'agace.
Lorsque d'un coup de pied, l'année se défait de ses bottes
et le soleil grimpe encore, les arbres se couvrent
de feuilles, se gonflent de vent et naviguent en toute liberté.
Au pied de la montagne se dresse le ressac de la pinède,
mais la longue houle tiède de l'été s'annonce, elle

passe doucement sur la cime des arbres, s'y repose
un instant, puis se retire —
ne subsiste alors qu'une côté effeuillée. En fait,
l'esprit divin ressemble au Nil: il inonde
et retombe à un rythme calculé
à différentes époques dans les textes.

Mais Il est aussi intemporel
et c'est pourquoi on ne l'a que rarement aperçu par ici.
Il croise le parcours de la procession par le biais.

Comme le navire traverse la brume
sans qu'elle ne le remarque. Silence.
La pâle lueur du fanal est son signal.

SECRETS EN CHEMIN
HEMLIGHETER PÅ VÄGEN

1958

I

MAISONS SUÉDOISES SOLITAIRES

Un désordre d'arbres noirs
et les rayons fumants de la lune.
Là où la chaumière a coulé
et semble être sans vie.

Jusqu'au murmure de la rosée matinale
quand un vieillard ouvre
— d'une main qui tremble —
la fenêtre pour lâcher un grand duc.

Et dans une autre aire du vent
la construction nouvelle fume
avec un papillon de draps lavés
qui volette à l'angle

au milieu d'une forêt moribonde
où la décomposition lit
dans ses lunettes de sève
le compte-rendu des coléoptères.

Été aux pluies de blé mûr
ou un seul nuage d'orage

au-dessus d'un chien qui aboie.
Le grain rue dans la terre.

Des voix affolées, des visages
volent dans les fils du téléphone
avec des ailes rapides mutilées
par-dessus les milles des marécages.

La maison sur une île du fleuve
qui couve ses premières pierres.
Une fumée constante — on brûle
les documents secrets de la forêt.

La pluie retourne dans le ciel.
La lumière serpente dans le fleuve.
Les maisons du précipice surveillent
les bœufs blancs de la cascade.

Automne avec une ligue d'étourneaux
qui tiennent l'aube en échec.
Les hommes ont la démarche raide
au théâtre de l'abat-jour.

Faites-leur toucher sans crainte
les ailes camouflées
et l'énergie de Dieu
enroulée dans l'obscurité.

CELUI QUI FUT RÉVEILLÉ
PAR LES CHANTS
AU-DESSUS DES TOITS

Matin, pluie de mai. La ville est encore silencieuse
comme un chalet de montagne. Les rues le sont aussi.
                      Et dans
le ciel un moteur d'avion qui gronde en bleu et gris. —
          La fenêtre est ouverte.

Le rêve où repose le dormeur
est alors transparent. L'homme s'agite, cherche
à tâtons les outils de l'attention — presque dans l'espace.

TABLEAU MÉTÉOROLOGIQUE

L'océan d'octobre scintille froidement
avec la nageoire dorsale de ses chimères.

Il n'y a plus rien qui rappelle
le vertige blanc des régates.

Une lueur ambrée sur le village.
Et tous les bruits en fuite lente.

Les hiéroglyphes d'un aboiement ont été dessinés
dans l'air au-dessus du jardin

où un fruit jaune a rusé
avec l'arbre et s'est laissé tomber.

LES QUATRE TEMPÉRAMENTS

L'œil scrutateur mue les rayons du soleil en **matraques** policières.
Et le soir: les rires d'une fête dans l'appartement du dessous
qui jaillissent comme des fleurs irréelles par les rainures du plancher.

Je roulais dans la plaine. Obscurité. La camionnette semblait ne pas vouloir quitter les taches.
Un contre-oiseau criait dans le vide étoilé.
Le soleil albinos se dressa au-dessus des lacs opaques et changeants.

*

Un homme tel un arbre arraché au feuillage croassant
et un éclair au garde-à-vous virent un soleil aux odeurs
de bête sauvage se lever parmi les ailes crépitantes de l'île rocheuse

et de l'univers pour jaillir derrière les drapeaux d'écume la nuit comme

le jour avec des oiseaux marins glapissant
sur le pont et tous avaient un billet pour le Désordre.

*

Il suffit de fermer les yeux pour entendre distinctement
que les mouettes font tinter les cloches dominicales au-dessus des paroisses infinies de l'océan.
Une guitare pince la corde des ronces et le nuage avance

doucement comme le fait la luge verte du printemps
— où est attelée la lumière hennissante —
qui arrive en glissant sur les glaces.

*

Réveillé par les talons de l'amie qui claquaient dans le rêve
et dehors deux congères pareilles à des gants oubliés par l'hiver
alors que les tracts du soleil tombaient sur la ville.

La route ne prend jamais fin. L'horizon se hâte de filer.
Les oiseaux secouent les branches. Et la poussière danse autour de la roue.
Toutes ces roues qui tournent et réfutent la mort !

CAPRICHOS

La nuit tombe sur Huelva : des palmiers couverts de
 suie
le sifflement d'un train en fuite
des chauves-souris argentées.

Les rues se sont emplies de gens.
Et cette dame qui fend la foule pèse prudemment
les dernières lueurs du jour sur la balance du regard.

Les fenêtres des bureaux sont ouvertes. Où l'on entend
encore piétiner le cheval.
Le vieux cheval aux sabots tamponneurs.

Ce n'est qu'après minuit que les rues se vident.
Quand enfin les bureaux ont bleui.

Et là-haut dans l'espace :
galopant en silence, étincelante et noire,
invisible et libérée
une fois son cavalier désarçonné :
cette nouvelle constellation que j'appelle « Le Cheval ».

II

SIESTE

La Pentecôte des rochers. Et les langues qui grésillent...
La ville est sans poids dans l'espace de midi.
Une mise au tombeau dans la clarté ardente. Un tambour couvre
les coups de poing de l'éternité séquestrée.

L'aigle monte monte au-dessus des dormeurs.
Un sommeil où la roue du moulin se retourne comme l'orage.
Le galop d'un cheval dont les yeux sont bandés.
Les coups de poing de l'éternité séquestrée.

Les dormeurs pendent comme des poids à l'horloge des tyrans.
L'aigle dérive, mort, dans les flots du torrent éclatant du soleil.
Et dans le temps résonnent — comme dans le cercueil de Lazare —
les coups de poing de l'éternité séquestrée.

IZMIR À TROIS HEURES

Peu avant la prochaine rue déserte
deux mendiants, dont l'un n'a plus de jambes —
et que l'autre porte de-ci de-là sur le dos.

Ils s'arrêtent — comme sur une route à minuit un animal
ébloui fixe les phares d'une voiture —
un instant puis continuent leur chemin

aussi vite que les écoliers d'une cour de récréation
et traversent la rue pendant qu'une myriade
d'horloges torrides tictaque dans l'espace de midi.

Du bleu qui passe sur la rade en glissades
    incandescentes.
Du noir qui rampe puis s'estompe, œil hagard dans le roc.
Du blanc qui souffle en tempête dans le regard.

Lorsque les sabots ont piétiné trois heures
l'obscurité cognait aux parois de lumière.
La ville rampait aux portes de la mer

et scintillait dans la lunette du vautour.

III

SECRETS EN CHEMIN

La lumière du jour heurta le visage du dormeur.
Il fit un rêve plus agité
mais ne s'éveilla pas.

L'obscurité frappa le visage de celui qui marchait
parmi tous les autres sous les rayons impatients
d'un intense soleil.

Soudain le ciel noircit comme avant une averse.
J'étais dans un lieu renfermant tous les instants —
un musée de lépidoptères.

Pourtant le soleil était aussi fort qu'auparavant.
Ses pinceaux impatients peignaient le monde.

TRACES

À deux heures du matin : clair de lune. Le train s'est arrêté
au milieu de la plaine. Au loin, les points de lumière d'une ville
qui scintillent froidement aux confins du regard.

C'est comme quand un homme va si loin dans le rêve
qu'il n'arrive à se souvenir qu'il y a demeuré
lorsqu'il retourne dans sa chambre.

Et comme quand quelqu'un va si loin dans la maladie
que l'essence des jours se mue en étincelles, essaim
insignifiant et froid aux confins du regard.

Le train est parfaitement immobile.
Deux heures : un clair de lune intense. Et de rares étoiles.

KYRIE

Parfois, ma vie ouvrait les yeux dans l'obscurité.
Comme de voir passer dans les rues des foules
aveugles et agitées, en route pour un miracle,
alors qu'invisible, je restai à l'arrêt.

Comme quand l'enfant s'endort, terrifié,
à l'écoute des pas lourds de son cœur.
Longtemps, longtemps, jusqu'à ce que le matin jette
    des rayons dans les serrures
et que s'ouvrent les portes de l'obscurité.

IV

UN HOMME DU BÉNIN

(À propos de la photographie d'un relief de bronze du XVIe siècle, du royaume nègre du Bénin, représentant un Juif portugais.)

Lorsque la nuit tomba, j'étais comme figé
mais mon ombre cognait
sur la peau de tambour de la désespérance.
Alors que les coups s'estompaient,
je vis se dessiner l'image de l'image
d'un homme apparaissant
sur cette page du vide
qu'on avait laissée ouverte.
Je crus longer une maison
abandonnée depuis longtemps
et voir quelqu'un apparaître à la fenêtre.
Un étranger. Qui était notre guide.
Il semblait attentif.
Il approcha sans faire un pas.
Coiffé d'un chapeau qui s'incurvait
en parodiant notre hémisphère
le bord posé sur l'équateur.
La chevelure partagée en deux nageoires.

La barbe accrochée ondulait
autour de la bouche comme de l'éloquence.
Il avait replié un bras droit
aussi menu que celui d'un enfant.
Le faucon qui aurait pu y trouver sa place
se devinait
sur les traits de son visage.
C'était l'ambassadeur.
Interrompu au milieu d'un discours
que le silence poursuivait
avec plus d'intensité encore.
Trois tribus en lui se taisaient.
Il était à l'image de trois peuples.
Un Juif du Portugal,
embarqué avec les autres,
à la dérive, en attente,
un troupeau décimé
dans cette caravelle devenue
leur mère de bois ondoyante.
Le débarcadère et ces parfums étranges
qui rendaient l'air velu.
Remarqué sur la place du marché
par un nègre — l'artiste fondeur.
Longtemps resté en quarantaine dans son regard.
Et ressuscité dans la race du métal :
« Je suis venu à la rencontre de
celui qui lèvera son fanal
pour se voir en moi. »

LE RÊVE DE BALAKIREV

(1905)

Le piano à queue noir, cette araignée lustrée
tremblait au milieu de sa toile de musique.

Dans la salle de concert résonnait un pays
dont les pierres n'étaient guère plus lourdes que la rosée.

Pourtant Balakirev s'assoupit en musique
et rêva de la calèche du tsar.

Qui filait sur les pavés
dans la noirceur croassante des corbeaux.

Il était seul dans la voiture et regardait dehors
pourtant il courait à côté d'elle sur la route.

Il savait que le voyage avait duré longtemps
et sa montre ne donnait pas les heures, mais les années.

Il vit un champ où gisait une charrue
qui n'était qu'un oiseau tombé au sol.

Il vit une crique où un navire était pris dans
les glaces, tous feux éteints, et des gens sur le pont.

La calèche courait là-bas sur la banquise, et ses roues
tournaient tournaient dans un bruit soyeux.

Un petit navire de guerre : le *Sébastopol*.
Il se trouvait à bord. L'équipage approchait.

« Tu resteras en vie si tu sais en jouer. »
Ils lui montrèrent un instrument étrange.

Qui ressemblait à un tuba ou à un phonographe
ou une pièce de machine qu'il ne connaissait pas.

Désemparé puis pétrifié d'horreur, il comprit que c'était
l'instrument qui fait avancer les bâtiments de guerre.

Il se tourna vers le matelot le plus proche
fit un geste désespéré et l'implora :

« Fais le signe de croix comme moi, le signe de croix ! »
Le matelot le fixa tristement, comme un aveugle

tendit les bras et sa tête retomba —
il resta suspendu comme cloué en l'air.

Les tambours roulaient. Les tambours grondaient. Des
    vivats !
Balakirev émergea de son rêve.

Les ailes de bravos claquaient dans la salle.
Il vit l'homme au piano se lever.

Dehors, les rues étaient assombries par la grève.
Les calèches se hâtaient dans l'obscurité.

MILY BALAKIREV
1837 - 1910
compositeur russe

V

APRÈS L'ATTAQUE

Le garçon malade.
Confiné dans cette vision
où la langue est aussi raide qu'une corde.

Il est assis, le dos tourné au tableau d'un champ de blé.
Un bandeau sous le menton fait penser à une momification.
Ses lunettes sont épaisses comme celles d'un plongeur.
   Rien ne trouve réponse:
c'est aussi intense qu'un téléphone qui sonne dans le noir.

Mais le tableau derrière lui. Un paysage apaisant bien que les blés dorés suggèrent la tempête.
Un ciel vipérin et des nuages à la dérive. Et dessous, dans la houle jaune
quelques chemises blanches qui naviguent : les faucheurs
— ils ne jettent pas une ombre.

Au loin, sur le champ, quelqu'un semble regarder de ce côté.
Un chapeau à larges bords nous dissimule son visage.

Il semble observer la silhouette obscure dans la chambre peut-être pour l'aider.
Imperceptiblement, le tableau a grandi et s'est ouvert derrière le malade
abîmé dans sa rêverie. Des étincelles et des coups de marteau. Tous les épis se sont allumés pour le réveiller !
L'autre — dans les blés — lui a fait un signe.

Il s'est approché.
Mais nul ne l'a vu.

VI

LES FORMULES DU VOYAGE

(Dans les Balkans - en 55)

I

Des voix qui chuchotent après le laboureur.
Il ne se retourne pas. Des champs déserts.
Des voix qui chuchotent après le laboureur.
Peu à peu, les ombres se libèrent
et se lancent dans l'abîme du ciel de l'été.

II

Quatre bœufs avancent sous le ciel.
Rien de fier là-dedans. Et la poussière a l'épaisseur
de la laine. Les insectes font crisser leurs stylos.

Une cohue de chevaux aussi maigres que
sur une allégorie grisâtre de la peste.
Rien de doux là-dedans. Et le soleil fait tourner les
    têtes.

III

Un village aux odeurs d'étable et aux chiens efflanqués.
Le fonctionnaire du parti sur la place du marché
dans un village aux odeurs d'étable dont les maisons
   sont blondes.

Le ciel l'accompagne : il est étroit
et haut, comme dans un minaret.
Le village traîne des ailes au flanc de la montagne.

IV

La vieille maison s'est brûlé la cervelle.
Dans le crépuscule, deux garçons poussent un ballon.
Une nuée d'échos rapides. — Soudain, la clarté des
   étoiles.

V

En route pour une longue nuit. Obstinément, ma montre
fait scintiller l'insecte prisonnier du temps.

Un compartiment bondé qu'épaissit le silence.
Dans la pénombre, les prairies passent en remous.

Pourtant, l'écrivain est à moitié dans son image
et s'y déplace, aigle et taupe à la fois.

PRISON

FÄNGELSE

1959

Ils jouent au football
soudaine confusion — la balle
a fait le mur.

*

Ils font souvent du bruit
pour effrayer le temps jusqu'à
ce qu'il trotte plus vite.

*

Des vie mal épelées —
la beauté subsiste sous forme
de tatouages.

*

Quand on reprit le fugitif
il avait les poches pleines
de chanterelles.

*

Le fracas des ateliers
et les pas lourds du mirador
déroutaient la forêt.

*

Le portail s'ouvre en glissant
nous voici dans la cour du pénitencier
dans une nouvelle saison.

*

Les lampes du mur s'allument —
le pilote du vol de nuit voit une tache
de lumière irréelle.

*

Nuit — un semi-remorque
passe tout près, les détenus
rêvent en tremblant.

*

Le garçon boit du lait
et s'endort tranquille dans sa cellule
une mère de pierre.

CIEL À MOITIÉ ACHEVÉ

DEN HALVFÄRDIGA HIMLEN

1962

I

LE COUPLE

Ils éteignent la lampe et son globe blanc rayonne
un instant avant de se dissoudre
comme un comprimé dans un verre d'obscurité. Puis il monte.
Les murs de l'hôtel jaillissent dans le ciel de la nuit.

Les gestes de l'amour ont molli. Ils dorment
mais leurs pensées les plus intimes se rejoignent
comme deux couleurs se confondent
sur le papier mouillé d'une gouache d'écolier.

Tout est noir et paisible. Mais la ville semble s'être rapprochée
cette nuit. Toutes fenêtres éteintes. Les maisons sont venues.
Elles sont là, en attente compacte,
une foule de gens au visage impassible.

L'ARBRE ET LE FIRMAMENT

Un arbre marche sous la pluie,
passe à côté de nous dans la grisaille ruisselante.
Il a une mission. Il soutire la vie à la pluie
comme un merle à un verger.

Quand la pluie cesse, l'arbre s'arrête.
Il brille, paisible et droit dans la nuit scintillante
dans l'attente comme nous de l'instant
où les flocons de neige viendront éclore dans l'univers.

FACE À FACE

En février, la vie était à l'arrêt.
Les oiseaux volaient à contrecœur et l'âme
raclait le paysage comme un bateau
se frotte au ponton où on l'a amarré.

Les arbres avaient tourné le dos de ce côté.
L'épaisseur de la neige se mesurait aux herbes mortes.
Les traces de pas vieillissaient sur les congères.
Et sous une bâche, le verbe s'étiolait.

Un jour, quelque chose s'approcha de la fenêtre.
Le travail s'arrêta, je levai le regard.
Les couleurs irradiaient. Tout se retournait.
Nous bondîmes l'un vers l'autre, le sol et moi.

TINTEMENT

Et la grive sifflait son chant sur les os des morts.
Nous étions sous un arbre et voyions le temps s'écouler.
Le cimetière et la cour de l'école se rejoignirent et grandirent
comme deux courants dans l'océan.

Le tintement des cloches de l'église s'éparpilla aux quatre vents, porté par les doux bras de levier d'un planeur.
Laissant sur la terre un silence plus imposant encore
et les pas paisibles d'un arbre, les pas paisibles d'un arbre.

DANS LA FORÊT

Cet endroit qu'on appelle les marais de Jacob :
comme la cave d'une journée d'été
où la lumière surit en un breuvage
au goût de grand âge et de coupe-gorge.

Les géants affaiblis sont si enchevêtrés
que rien ne parvient à tomber.
Le bouleau brisé pourrit là,
au garde-à-vous, comme un dogme.

Je remonte du fond de la forêt.
La lumière renaît entre les troncs.
La pluie s'abat sur mes toitures.
Je suis la gouttière des impressions.

L'air s'adoucit à l'orée du bois. —
De grands sapins, détournés et obscurs,
dont le mufle s'est enfoui dans l'humus de la terre,
lapent l'ombre de la pluie.

NOVEMBRE AUX REFLETS
DE NOBLES FOURRURES

C'est parce que le ciel est gris
que la terre s'est mise à briller :
les prairies et leur verdure timide,
le sol labouré et noir comme du sang caillé.

Il y a là les murs rouges d'une grange.
Et des terres submergées
comme les rizières lustrées d'une certaine Asie —
où les mouettes s'arrêtent et se souviennent.

Des creux de brume au milieu de la forêt
qui doucement s'entrechoquent.
L'inspiration qui vit cachée
et s'enfuit dans les bois comme Nils Dacke.

II

LE VOYAGE

Dans la station de métro.
Le coude à coude entre les affiches
dans une lumière morte au regard égaré.

Le train arriva pour emmener
les visages et les porte-documents.

À la prochaine, l'obscurité. Nous étions assis
comme des statues dans ces voitures
qui dérapaient dans les cavernes.
Contraintes, rêveries, servitudes.

On vendait les nouvelles de la nuit
aux arrêts situés sous le niveau de la mer.
Les gens étaient en mouvement, chagrins et
taciturnes sous le cadran des horloges.

Le train transportait
les pardessus et les âmes.

Dans tous les sens, des regards
lors du voyage dans la montagne.
Et nul changement en vue.

Près de la surface pourtant, les bourdons
de la liberté s'étaient mis à vrombir.
Nous sortîmes de terre.

Une seule fois, le pays battit
des ailes avant de s'immobiliser
à nos pieds, vaste et verdoyant.

Les épis de blé arrivaient en vol
au-dessus des quais.

Terminus ! J'étais allé
bien au-delà.

Combien étions-nous encore ? Quatre,
cinq, à peine plus.

Et les maisons, les routes, les nuages,
les criques bleues et les montagnes
ouvrirent leurs fenêtres.

UT MAJEUR

Lorsqu'il se retrouva dans la rue après son rendez-vous galant
la neige tourbillonnait au vent.
L'hiver était venu
alors qu'ils s'étreignaient.
La nuit blanche luisait.
Il marchait à grands pas joyeux.
La ville entière paraissait en pente.
Des sourires croisés —
chacun souriait derrière son col dressé.
C'était la liberté!
Et les points d'interrogation chantaient la présence divine.
Pensait-il.
Une musique se détacha
pour avancer à grands pas
dans la neige en tempête.
Tout convergeait vers la note *do*.
Une boussole incertaine dirigée vers le *do*.
Une heure passée au-delà des souffrances.
Tout semblait si facile!
Et chacun souriait derrière son col dressé.

DÉGEL DE MIDI

L'air matinal délivrait ses lettres aux timbres incandescents.
La neige scintillait et les fardeaux semblaient soudain légers — un kilo pesait 700 grammes et pas plus.

Le soleil était au-dessus des glaces, immobile en plein vol et aussi chaud que froid.
Le vent avançait doucement, comme s'il poussait une voiture d'enfant.

Les familles sortaient, voyaient le ciel dégagé pour la première fois depuis longtemps.
Nous étions au premier chapitre d'une histoire extraordinaire.

Les rayons du soleil s'accrochaient aux toques de fourrure comme le pollen aux bourdons
et les rayons du soleil s'accrochèrent au mot HIVER pour y demeurer jusqu'à ce que l'hiver fût passé.

Je restai songeur devant la nature morte des madriers dans la neige. Je leur demandai :

« Me suivrez-vous dans l'enfance ? » Et ils répondirent :
« Oui. »

Parmi les ronces, on entendait murmurer des mots dans une langue nouvelle
dont les voyelles étaient le bleu du ciel et les consonnes, quelques brindilles noires dites si doucement au-dessus de la neige.

Mais l'avion soldé tira sa révérence sur ses jupes tonnantes
et fit que le silence devint encore plus profond.

LORSQUE NOUS REVÎMES LES ÎLES

Quand le bateau approche au loin
l'averse survient et l'aveugle soudain.
Les gouttes de mercure frémissent sur les vagues
et le gris-bleu s'étend.

L'océan s'en va jusque dans les cabanes.
Une lueur dans l'obscurité du vestibule.
Des pas lourds à l'étage
et ces coffres aux sourires fraîchement repeints.
Un orchestre indien de récipients de cuivre.
Un nouveau-né aux yeux de houle.

(La pluie cesse peu à peu.
La fumée fait quelques pas dans l'air
et chancelle au-dessus du toit.)

Voici encore davantage de choses
plus grandes que dans vos rêves.

La plage et les huttes des anguilles.
Une affiche portant l'inscription CÂBLE.

La vieille lande brille
pour celui qui vient à tire d'aile.

De fertiles lopins derrière les rochers
et l'épouvantail, notre sentinelle
qui appelle les couleurs.

Cet étonnement toujours aussi immense
quand l'île me tend la main
et me tire de ma tristesse.

DE LA MONTAGNE

Je suis sur la montagne et contemple la baie.
Les bateaux reposent à la surface de l'été.
«Nous sommes des somnambules. Des lunes à la dérive.»
Voilà ce que les voiles blanches me disent.

«Nous errons dans une maison assoupie.
Nous poussons doucement les portes.
Nous nous appuyons à la liberté.»
Voilà ce que les voiles blanches me disent.

J'ai vu un jour les volontés du monde s'en aller.
Elles suivaient le même cours — une seule flotte.
«Nous sommes dispersées maintenant. Compagnes de
  personne.»
Voilà ce que les voiles blanches me disent.

III

ESPRESSO

Le café noir du service en terrasse
aux tables et aux chaises aussi gracieuses que des insectes.

Ces gouttes précieuses et captées
ont le même pouvoir qu'un Oui ou un Non.

On les sort du fond de bistrots obscurs
et elles fixent le soleil sans ciller.

Dans la lumière du jour, un point d'une noirceur bienfaitrice
qui se répand très vite dans un hôte blafard.

Il rappelle ces gouttes de noire clairvoyance
que l'esprit happe parfois et

qui nous donnent une bourrade salutaire : vas-y!
Une exhortation à ouvrir les yeux.

IV

LE PALAIS

Nous entrâmes. Rien qu'une salle immense
silencieuse et vide, où la surface du sol miroitait
comme la glace d'une patinoire abandonnée.
Toutes portes fermées. L'air était gris.

Des peintures aux murs. Où l'on voyait
grouiller des images sans vie : des boucliers, des plateaux
de balance, des poissons, des silhouettes de guerriers
dans un monde sourd et muet de l'autre côté.

Une sculpture était exposée dans le vide :
seul, au centre de la salle, se dressait un cheval,
que nous ne remarquâmes tout d'abord pas
tant le vide nous captivait.

Plus faiblement que les murmures d'un coquillage,
on percevait les bruits et les voix de la ville
tournoyant dans cet espace désert et
bourdonnant à la recherche du pouvoir.

Autre chose encore. Quelque chose d'obscur
vint se poster aux cinq entrées de nos

sens mais sans les franchir.
Le sable s'écoulait dans les verres du silence.

Il était temps de bouger. Nous nous approchâmes
du cheval. Il était gigantesque,
noir comme du métal. Une image du pouvoir
restée là après le départ des princes.

Le cheval nous dit : « Je suis l'Unique.
J'ai désarçonné le vide qui me chevauchait.
Voilà mes écuries. Je grandis peu à peu.
Et je mange le silence ici répandu. »

SYROS

Des navires marchands oubliés attendaient dans le port de Syros.
Une étrave contre l'autre. Amarrés depuis plusieurs années :
Cape Rion, Monrovia.
Kritos, Andros
Scotia, Panama.

Des peintures noires sur l'eau, on les avait décrochées.

Comme les jouets de notre enfance désormais gigantesques
et qui nous accusent
de ce que jamais nous ne sommes devenus.

Xalatros, Le Pirée.
Cassiopeia, Monrovia.
L'océan a fini de les lire.

Mais lorsque nous arrivâmes la première fois à Syros, il faisait nuit,

nous vîmes ces étraves serrées l'une contre l'autre sous
   la clarté lunaire et pensâmes alors :
quelle flotte immense, et quelles lignes régulières !

DANS LE DELTA DU NIL

La jeune épouse pleurait droit dans son assiette
à l'hôtel, après une journée passée dans cette ville
où elle avait vu des malades ramper et s'affaler
et des enfants qui allaient mourir à force de misère.

Elle monta avec l'homme dans la chambre
qu'on avait aspergée d'eau pour lier la saleté.
Ils se couchèrent chacun dans leur lit et sans dire
    grand-chose.
Elle sombra dans un profond sommeil. Il resta éveillé.

Dehors, dans l'obscurité, courait un immense vacarme.
Rumeurs, bruits de pas, cris, carrioles, chansons.
Cela se faisait dans la détresse. Cela ne s'arrêtait jamais.
Puis il s'assoupit, replié sur une négation.

Vint un rêve. Il voyageait en mer.
L'eau grise s'anima
et une voix lui dit : « Il y a quelqu'un qui est bon.
Quelqu'un qui sait tout voir sans jamais nous haïr. »

V

UNE SILHOUETTE DE NAGEUR
OBSCURE

À propos d'une peinture préhistorique
sur un rocher du Sahara :
une silhouette de nageur obscure
dans une ancienne rivière qui est jeune pourtant.

Sans armes ni stratégies
sans reposer ni même bondir
mais toujours séparée de son ombre :
elle glisse sur le fond du courant.

Il avait lutté pour se défaire
d'une image verdâtre et assoupie,
pour enfin rejoindre le rivage
et ne faire qu'un avec son ombre.

LAMENTO

Il a posé son stylo.
Qui repose paisiblement sur la table.
Qui repose paisiblement dans le vide.
Il a posé son stylo.

Trop de choses qu'on ne peut écrire ni passer sous silence!
Le voilà paralysé par quelque chose qui se passe loin d'ici,
bien que la merveilleuse sacoche palpite comme un cœur.

Dehors, c'est le début de l'été.
Des sifflements montent de la verdure: des oiseaux ou des hommes?
Et les cerisiers en fleur caressent les camions qui sont rentrés chez eux.

Les semaines passent.
La nuit tombe peu à peu.
Des mites se posent sur les carreaux:
petits télégrammes blêmes envoyés par le monde.

ALLEGRO

Je joue du Haydn après une noire journée
et sens une chaleur simple me réchauffer les mains.

Les touches sont d'accord. Frappent les doux marteaux.
Leur tonalité est verte, animée et paisible.

Leur tonalité me dit que la liberté existe
et que quelqu'un ne verse pas sa dîme à l'empereur.

Je glisse les mains dans les poches comme Haydn
et parodie ceux qui voient le monde avec sérénité.

Je hisse le drapeau de Haydn — ce qui veut dire :
« Nous ne nous rendrons pas. Mais nous voulons la paix. »

La musique est une maison de verre posée sur un talus
où les pierres volent, les pierres roulent.

Et les pierres roulent à travers la maison
dont les vitres pourtant restent entières.

CIEL À MOITIÉ ACHEVÉ

L'accablement suspend son vol.
L'angoisse suspend sa course.
Le vautour cesse de fuir.

Fougueuse, la lumière afflue,
même les fantômes en prennent une gorgée.

Et nos tableaux ressortent au grand jour,
animaux rouges de nos ateliers de l'ère glaciaire.

Tout regarde à l'entour.
Nous marchons par centaines sous le soleil.

Les hommes restent une porte entrebâillée
donnant sur une salle commune.

Le sol interminable sous nos pas.

L'eau reluit entre les arbres.

Le lac est une fenêtre ouverte sur la terre.

NOCTURNE

Je traverse un village dans la nuit, les maisons surgissent
à la lueur des phares — elles sont réveillées, et elles veulent boire.
Des maisons, des granges, des panneaux, des véhicules sans maître — c'est
maintenant qu'ils se drapent de Vie. Les hommes dorment :

certains ont le sommeil paisible, d'autres les traits tendus
comme s'ils pratiquaient un entraînement pénible pour l'éternité.
Quoique leur sommeil soit profond, ils n'osent rien lâcher.
Et reposent comme des barrières baissées quand passe le mystère.

Après le village, la route avance longuement parmi les arbres de la forêt.
Et les arbres s'accordent pour se taire.

Ils ont ce teint théâtral qu'on trouve dans les flammes.
Que leurs feuilles sont précises ! Elles me suivent chez moi.

Je suis couché et vais m'assoupir, je vois des images et des signes
inconnus qui s'inscrivent d'eux-mêmes derrière mes paupières
sur le mur de la nuit. Une grande enveloppe essaie vainement
de se glisser par l'interstice situé entre le rêve et l'état éveillé.

UNE NUIT D'HIVER

La tempête pose la bouche sur la maison
    et souffle pour donner le ton.
Je dors nerveusement, me retourne, lis
    les yeux fermés le texte de la tempête.

Mais les yeux de l'enfant ont grandi dans le noir
    et la tempête, elle, gronde pour l'enfant.
Ils aiment tous les deux les lampes qui balancent.
    Et restent tous les deux à mi-chemin des mots.

La tempête a des mains enfantines et des ailes.
    La caravane s'emballe vers les terres lapones.
Et la maison sait quelle constellation de clous
    fait tenir ses cloisons.

La nuit est calme sur notre sol
    (où les pas effacés
reposent comme les feuilles englouties par l'étang)
    mais la nuit est sauvage dehors !

Une tempête plus sérieuse passe sur le monde.
 Elle pose la bouche sur notre âme
et souffle pour donner le ton. Nous craignons
 qu'en soufflant, la tempête ne nous vide.

ACCORDS ET TRACES
KLANGER OCH SPÅR
1966

PORTRAIT ET COMMENTAIRE

Voici le portrait d'un homme que j'ai connu.
Il est assis à table, le journal grand ouvert.
Ses yeux se sont logés derrière ses lunettes.
Son costume est lavé aux lueurs des sapins.

C'est un visage blême, à moitié achevé.
Mais qui a toujours su éveiller la confiance. Ainsi
on se gardait de l'approcher de près
et peut-être alors de tomber sur un drame.

Son père, dit-on, roulait sur l'or.
Mais personne chez eux n'en était vraiment sûr —
on avait l'impression que des pensées étranges
entraient de force la nuit dans la villa.

Le journal, ce grand papillon sale,
la table et la chaise et le visage se délassent.
La vie s'est arrêtée dans des cristaux géants.
Qu'elle n'en sorte plus jusqu'à nouvel ordre!

*

Ce que je suis en lui repose.
Et existe. Il ne vérifie rien
et ainsi, cela vit et perdure.

Qui suis-je ? Il y a longtemps
j'approchais parfois quelques secondes
ce que JE suis, ce que JE suis, ce que JE suis.

Mais au moment de ME découvrir,
JE m'effaçais et un trou se creusait
et je tombais dedans, tout comme Alice.

LISBONNE

Les tramways jaunes chantaient dans les montées du
 quartier d'Alfama.
Il y avait deux prisons. Dont une pour les voleurs.
Ils agitaient les mains par les grilles des fenêtres.
Ils criaient qu'ils voulaient être photographiés!

«Mais ici», me dit le receveur, ricanant comme
 quelqu'un qui hésite,
«c'est ici qu'on met les politiques». Je regardai la
 façade, la façade, la façade
et tout là-haut dans une fenêtre, un homme
qui avait des jumelles devant les yeux et contemplait la
 mer.

Le linge séchait dans le ciel. Les murs étaient brûlants.
Les mouches déchiffraient des lettres minuscules.
Six ans plus tard, je demandai à une dame de Lisbonne:
«Était-ce donc ainsi ou bien l'ai-je rêvé?»

DANS UN JOURNAL DE VOYAGE AFRICAIN

(1963)

Sur les toiles du peintre populaire congolais
s'agitent des silhouettes fines comme des insectes,
　dépouillées de leur force humaine.

C'est le passage difficile entre deux façons d'être.
La route est encore longue pour qui est loin devant.

Le jeune homme surprit l'étranger égaré entre les cases.
Il ne savait pas s'il allait faire de lui un ami ou un objet
　de chantage.
Son indécision le troublait. Ils se quittèrent confus.

Sinon, les Européens restent groupés autour de la
　voiture, comme s'il s'agissait de leur Mère.
Les cigales sont aussi fortes que des rasoirs. Et la
　voiture repart.
Bientôt la belle nuit viendra s'occuper du linge sale.
　Dors.
La route est encore longue pour qui est loin devant.

Nous serviront peut-être ces poignées de main en
　formation d'oiseaux migrateurs.

Nous servira peut-être de faire surgir la vérité des livres.
Il est nécessaire d'aller plus loin.

L'étudiant lit dans la nuit, il lit et lit pour la liberté
et devient, après son examen, une marche d'escalier
 pour celui qui va suivre.
Un passage difficile.
La route est encore longue pour qui est loin devant.

CRÊTES

En soupirant les ascenseurs entament leur montée
dans des gratte-ciel cassants comme de la porcelaine.
Sur l'asphalte dehors la journée sera chaude.
Les panneaux déjà ont les paupières baissées.

La terre en pente abrupte vers le ciel.
Crête après crête, et pas vraiment d'ombre.
Nous volons à Ta recherche
dans cet été de cinémascope.

Et je repose le soir comme un vaisseau
aux lumières éteintes, à distance raisonnable
de la réalité, alors que l'équipage
va s'ébattre là-bas dans les parcs du pays.

HOMMAGES

Marchais le long du mur antipoétique.
Die Mauer. Ne pas regarder par-dessus.
Il cherche à encercler nos vies adultes
dans la ville routinière, le paysage routinier.

Éluard effleura un bouton
le mur s'ouvrit
et le jardin apparut.

Jadis, je traversais la forêt avec un seau de lait.
De tous côtés, des troncs violets
où une vieille farce était restée suspendue
aussi belle qu'une barque votive.

L'été nous faisait la lecture des aventures de
  Mr. Pickwick.
La belle vie, une calèche paisible
qu'occupaient des gentlemen offusqués.

Fermez les yeux, changez de chevaux.

Les pensées les plus puériles nous viennent dans la détresse.
Nous étions au chevet du malade et priions
pour un instant de répit dans cette terreur, une brèche
où les Pickwick pourraient faire leur entrée.

Fermez les yeux, changez de chevaux.

Il est facile d'aimer les fragments
qui longtemps ont voyagé.
Les inscriptions sur les cloches des églises
les dictons qui zigzaguent sur les saints
et ces graines plusieurs fois millénaires.

Archiloque ! — Nulle réponse.

Les oiseaux caressaient le pelage de la mer.
Nous nous enfermions avec Simenon
pour renifler l'odeur qu'a l'existence humaine
là où débouchent les feuilletons.

Reniflez l'odeur de la vérité.

La fenêtre ouverte s'est arrêtée ici
face aux cimes des arbres
et aux lettres d'adieu du ciel crépusculaire.

Shiki, Björling et Ungaretti
c'est écrit à la craie de la vie sur le tableau noir de la mort.
Ce poème entièrement possible.

Je regardai en l'air lorsque les branches s'agitèrent.
Des mouettes blanches mangeaient des cerises noires.

LES FORMULES DE L'HIVER

I

Je m'assoupis dans mon lit
et m'éveillai sous la carène.

À quatre heures du matin
quand les os récurés de la vie
se fréquentent à froid.

Je m'assoupis parmi les hirondelles
et m'éveillai parmi les aigles.

II

Dans la lueur du phare, la glace du passage
brille comme de l'axonge.

Ce n'est pas l'Afrique.
Ce n'est pas l'Europe.
Ce n'est pas autre part qu'«ici».

Et ce que j'étais «moi»
n'est plus qu'un mot
dans la bouche de la nuit de décembre.

III

Les pavillons de l'asile
exposés à la nuit
luisent comme des écrans télé.

Un diapason caché
dans le grand froid
émet sa tonalité.

Je suis sous les étoiles
et sens que le monde entre
et ressort de mon manteau
comme d'une fourmilière.

IV

Trois chênes noirs sous la neige.
Si grossiers, mais adroits.

Dans leurs flacons immenses
la verdure au printemps moussera.

V

L'autobus se traîne dans la soirée d'hiver.
Il luit comme un navire dans cette forêt de pins
où la route est un canal mort étroit profond.

Peu de passagers : quelques vieux et aussi quelques
   très jeunes.
S'il s'arrêtait, s'il éteignait ses phares
le monde soudain disparaîtrait.

OISEAUX DU MATIN

Je réveille la voiture
au pare-brise saupoudré de farine.
Je revêts mes lunettes de soleil.
Le chant des oiseaux s'obscurcit.

Tandis qu'un autre homme achète un journal
au kiosque de la gare
non loin d'un grand wagon de marchandises
entièrement rougi par la rouille
et qui scintille au soleil.

Pas de vides nulle part ici.

À travers la tiédeur printanière, un corridor glacial
où quelqu'un vient à grands pas
nous dire qu'on le diffame
même en plus haut lieu.

Par une porte dérobée dans le paysage
la pie arrive
noire et blanche. Oiseau de Hel.
Et le merle qui s'agite de-ci, de-là

jusqu'à charbonner tout le dessin,
à part ces habits blancs sur une corde à linge :
un chœur de Palestrina.

Pas de vides nulle part ici.

Merveille que de sentir mon poème qui grandit
alors que je rétrécis.
Il grandit, il prend ma place.
Il m'évince.
Il me jette hors du nid.
Le poème est fini.

À PROPOS DE L'HISTOIRE

I

Un jour de mars, je descends vers le lac et j'écoute.
Les glaces sont bleues comme le ciel. Elles s'ouvrent
 au soleil.
Soleil chuchotant dans un microphone sous les couches
 de glace.
Glouglous et ferments. Et là-bas, au loin, quelqu'un
 semble agiter un drap.
Tout rappelle l'Histoire : notre ACTUALITÉ. Nous sommes
 immergés, à l'écoute.

II

Des conférences pareilles à des îles volantes, si proches
 de la chute...
Puis ce pont interminable vibrant de compromis.
Où passera la circulation, sous les étoiles,

sous le visage blafard de ceux qui ne sont pas nés,
rejetés dans le néant, aussi anonymes que des grains
 de riz.

III

Goethe partit en 1926 en Afrique dans le costume de
 Gide et il y vit tout.
Certains visages sont plus distincts, à force de
 discernement, après la mort.
Quand les nouvelles d'Algérie furent lues, ce jour-là,
on vit surgir une grande maison aux fenêtres obscurcies,
toutes sauf une. Où l'on pouvait distinguer le visage de
 Dreyfus.

IV

Le Radical et le Réactionnaire cohabitent comme un
 couple malheureux.
Formés l'un par l'autre, dépendants l'un de l'autre.
Mais nous qui sommes leurs enfants, nous devons nous
 en défaire.
Chaque problème le crie dans sa propre langue.
Pars, tel un limier, sur les traces de la liberté!

V

Là-bas sur le terrain vague, non loin des immeubles,
il y a depuis des mois déjà un journal oublié, truffé d'événements.
Il vieillit durant les nuits et les jours de soleil et de pluie
en passe de se muer en plante, en chou pommé, de s'unir à la terre.
Comme un souvenir qui peu à peu en nous se transforme.

SOLITUDE

I

C'est ici que je faillis périr un soir de février.
La voiture sur le verglas glissait
du mauvais côté de la route. Les voitures en face —
leurs phares — approchaient.

Mon nom, mes filles, mon emploi
se détachèrent et restèrent loin derrière à l'arrêt,
toujours plus loin. J'étais anonyme
comme un garçon cerné par l'ennemi dans la cour de
   l'école.

En face, le trafic avait des feux puissants.
Ils m'éclairaient tandis que je braquai et braquai
dans la transparence de l'effroi suintant comme du
   blanc d'œuf.
Les secondes s'allongèrent — on y faisait sa place —
et arrivèrent à la taille des bâtiments de l'hôpital.

On aurait presque pu s'arrêter
et souffler un moment
juste avant d'aller se faire broyer.

Mais j'eus prise soudain : un grain de sable salvateur
ou un coup de vent miraculeux. La voiture redémarra
et rampa à la hâte en travers de la route.
Un pilier jaillit et se brisa — un bruit strident — et
s'envola dans l'ombre.

Puis le silence se fit. Je restai sous le joug
et vis quelqu'un avancer dans la tourmente
pour voir où j'en étais.

II

J'ai longtemps parcouru
les campagnes glacées de l'Östergötland.
Et n'y ai vu âme qui vive.

Dans d'autres parties du monde
ils sont là à naître, à vivre, à mourir
dans une cohue permanente.

Toujours être visible — vivre
dans un essaim de regards —
doit donner une expression particulière.
Le visage recouvert d'argile.

Les murmures montent et redescendent
tandis qu'ils se partagent
le ciel, les ombres, les grains de sable.

Je dois être seul
dix minutes le matin
et dix minutes le soir.
— Sans aucun programme.

Tout le monde fait la queue chez tout le monde.

Certains.

Soi.

AUX CONFINS DU TRAVAIL

Au beau milieu du travail,
nous rêvons violemment de verdure sauvage,
de contrées désertiques, uniquement parcourues
par la civilisation ténue des fils du téléphone.

*

La lune du temps libre gravite autour de la planète
  Travail
de toute sa masse et de son poids. — Et c'est qu'ils le
  veulent.
Quand nous rentrons chez nous, la terre dresse l'oreille.
Le sous-sol nous épie à travers les brins d'herbe.

*

Sur nos journées de travail règne parfois un silence
  privé.
Comme dans ce pays enfumé que traverse un canal :
le BATEAU apparaît, inattendu au milieu de la circulation,
ou glisse derrière l'usine, tel un vagabond blanc.

*

Un dimanche, je longe une construction nouvelle, pas
 encore peinte
et qui se dresse face aux eaux grises.
Elle est à moitié terminée. Le bois a les mêmes teintes
 claires
que la peau de qui se baigne.

*

La nuit de septembre est parfaitement noire au-delà
 des lampes.
Quand les yeux s'habituent, la lumière revient quelque
 peu
sur les terres où progressent d'immenses limaces
et où les champignons sont nombreux, comme les
 étoiles.

APRÈS LA MORT DE QUELQU'UN

Ce fut un choc
suivi par l'immense queue d'une comète scintillante et blême.
Qui nous héberge. Brouille les images télévisées.
Et se dépose en gouttes froides sur les conduites aériennes.

On passe encore à ski dans le soleil d'hiver
entre des bouquets d'arbres où le feuillage perdure.
Et rappelle les feuilles arrachées à un vieil annuaire.
Le nom des abonnés dévoré par le froid.

Il est encore agréable de sentir son cœur battre.
Mais souvent l'ombre semble plus réelle que le corps.
Le samouraï paraît insignifiant
à côté des écailles de dragon de son armure noire.

OKLAHOMA

I

Le train s'arrêta loin dans le Sud. C'était la neige à New York.
Ici on pouvait se promener en manches de chemise toute la nuit.
Mais il n'y avait personne dehors. Seules les voitures volaient dans leurs reflets, soucoupes volantes.

II

« Nous autres, champs d'honneur si heureux
de nos morts... »
me disait une voix tandis que je m'éveillai.

Derrière son comptoir, l'homme me disait :
« Je n'essaie pas de vous les vendre,
je n'essaie pas de vous les vendre,

je voudrais seulement que vous les regardiez. »
Et il me montra les haches des Indiens.

Le garçon me disait :
« Je sais que j'ai un préjugé,
mais je voudrais le perdre, sir.
Que pensez-vous de nous ? »

III

Ce motel est une écorce étrange. Avec une voiture de location,
(ce grand serviteur blanc au-delà de la porte)
presque sans métier et sans souvenirs,
je puis enfin m'enfoncer en mon centre.

PLAINE EN ÉTÉ

Nous en avons tant vu.
La réalité nous a tant usés,
mais voici qu'enfin l'été arrive :

ce grand aéroport — où l'aiguilleur fait
descendre du ciel des chargements
de gens transis, l'un après l'autre.

Des herbes et puis des fleurs — atterrissons ici.
Les herbes ont un chef vert.
Je m'annonce.

DÉLUGE SUR LES TERRES

La pluie martèle le dessus des voitures.
L'orage gronde. Le trafic marque le pas.
On allume les phares en pleine journée d'été.

La fumée se rabat dans les cheminées.
Tout ce qui vit se terre, ferme les paupières.
Un geste à l'intérieur : sens la vie de plus près !

La voiture presque aveugle. Il s'arrête,
se fait un feu privé et fume
tandis que l'eau ruisselle le long des vitres.

Sur un sentier de forêt, qui à l'écart serpente
près d'un lac avec des nénuphars
et d'une longue colline s'estompant sous la pluie.

Là-haut reposent les mont-joie
de l'âge de fer quand ici il y avait
des guerres de tribu, un Congo plus glacé

et le danger rabattait les troupeaux et les gens
en un centre de murmures à l'abri des murailles,
à l'abri des ronces et des rochers de la crête.

Un talus obscur, quelqu'un qui avance
gauchement grimpe avec un bouclier sur le dos,
voilà à quoi il pense dans la voiture à l'arrêt.

Le jour revient, il fait descendre la vitre.
Telle une flûte un oiseau parle tout seul
sous une pluie muette de plus en plus ténue.

La surface du lac se tend. Entre les nénuphars
le ciel d'orage chuchote à la vase.
La forêt lentement entrouvre ses volets.

Mais le tonnerre tombe droit de l'accalmie !
Un bruit assourdissant. Puis ce vide
où les dernières gouttes doucement se posent.

Il entend dans ce silence une réponse qui vient.
De loin. Comme une grosse voix d'enfant.
Un beuglement qui monte de la colline.

Un fracas de sons agglutinés.
Une longue trompette éraillée de l'âge de fer.
Et peut-être même du plus profond en lui.

SOUS PRESSION

Les bruits de moteur du ciel bleu sont intenses.
Nous restons là tremblants en ce lieu de travail,
où le fond de la mer peut soudain transparaître —
coquillages et téléphones ont les mêmes échos.

On n'arrive à entrevoir la beauté que de côté.
Les blés serrés sur les champs, bien des couleurs en un
   fleuve jaune,
où les ombres houleuses de ma tête se jettent.
Elles veulent percer les blés et se changer en or.

L'obscurité se fait. Vers minuit, je vais au lit.
Ce plus petit vaisseau que lance un grand navire.
On est seul sur l'eau.
Les coques du village dérivent toujours plus loin.

ESPACES CLOS ET OUVERTS

À travers le gant de sa profession, un homme tâte le monde.
En milieu de journée, il se repose un instant : il pose ses gants sur l'étagère.
Où soudain ils grandissent, se déplient
obscurcissent l'intérieur de toute la maison.

La maison assombrie est cernée par les vents du printemps.
« Amnistie », un murmure passe sur l'herbe, « amnistie ».
Un garçon court avec un fil invisible qui monte droit au ciel
où planent ses rêves les plus fous, comme un cerf-volant plus grand que les faubourgs.

Plus loin encore, d'une colline, on aperçoit le tapis infiniment bleu des conifères
où l'ombre des nuages
est restée à l'arrêt.
Non, elle vole vers nous.

UN ARTISTE DANS LE NORD

Moi, Edvard Grieg, je me déplaçais comme un homme
 libre parmi les hommes.
Je plaisantais assidûment, lisais les gazettes, voyageais
 et m'en allais.
Je dirigeais l'orchestre.
L'auditoire avec ses lampes vibrant au triomphe comme
 le ferry au moment d'accoster.

Je suis remonté jusqu'ici pour ferrailler avec le silence.
Mon ouvroir est étroit.
Le piano à queue y est aussi serré que l'hirondelle sous
 la tuile du toit.

Les belles falaises droites se taisent le plus souvent.
Nul passage
sinon une trappe qui parfois est ouverte
et une curieuse lumière filtrant tout droit des trolls.

Simplifier !

Et les coups de masse de la montagne sont
sont

sont
sont entrés dans notre chambre une nuit au printemps
grimés en coups de cœur.

Un an avant ma mort, j'enverrai quatre psaumes à la
   recherche de Dieu.
Mais cela commence ici.
Un chant sur ce qui nous est proche.

Ce qui nous est proche.

Champ de bataille intérieur
où nous les Os des Morts
nous battons pour parvenir à vivre.

À L'AIR LIBRE

1

Labyrinthe de fin d'automne.
À l'entrée de la forêt, une bouteille vide qu'on a jetée.
Entrée. La forêt comme des locaux de silence désertés
    en cette époque de l'année.
Quelques variétés de bruits seulement : comme si
    quelqu'un déplaçait prudemment des brindilles avec
    des pincettes
ou comme une charnière qui grince doucement au
    cœur d'un tronc épais.
Le gel a soufflé sur les champignons et ils se sont ridés.
Ils ressemblent aux objets et aux hardes qu'on trouve
    après les morts.
Voici que la nuit tombe. Il s'agit de sortir
et de retrouver ses points de repère : l'outil rouillé en
    plein champ
et la maison de l'autre côté du lac, ce carré rouge et
    brun fort comme un cube de bouillon.

2

Une lettre d'Amérique me mit en mouvement, me poussa
une claire nuit de juin à sortir dans les rues vides des
  banlieues
entre ces quartiers nouveau-nés, sans mémoire, frais
  comme une épure.

La lettre dans la poche. Maudite promenade éperdue
  qui est comme une médiation.
Chez vous, le bien et le mal ont vraiment un visage.
Ce qui chez nous d'habitude est un combat entre les
  racines, les chiffres, les ombres et les lumières.

Ceux qui font le jeu de la mort ne craignent pas la
  lumière du jour.
Ils gouvernent du haut de leurs étages de verre. Ils
  fourmillent en plein soleil.
Ils se penchent par-dessus le comptoir et ils tournent
  la tête.

Loin de là, par hasard, je m'arrête devant une de ces
  façades neuves.
Bien des fenêtres qui se noient en une seule fenêtre.
La nuit y capture les lumières du ciel et les migrations
  du feuillage.
C'est un lac miroitant, sans vagues, dressé dans la nuit
  d'été.

La violence paraît irréelle
un court instant.

3

Le soleil est brûlant. L'avion avance à basse altitude
et jette une ombre en forme de croix qui file sur le sol.
Un homme est assis sur son champ et fouille la terre.
L'ombre vient.
Durant une fraction de seconde, il est au centre de la
 croix.

J'ai vu la croix accrochée à la fraîche ogive des églises.
Elle rappelle parfois l'image instantanée
d'une chose qui brusquement s'agite.

MUSIQUE LENTE

L'édifice est fermé. Le soleil pénètre par les vitres
et réchauffe le haut de bureaux
assez solides pour porter le poids de la destinée.

C'est notre jour de sortie, sur la longue étendue du talus.
Beaucoup ont mis des habits sombres. On peut rester au soleil
et fermer les yeux et sentir le vent qui lentement vous porte.

Je viens trop rarement au bord de l'eau. Mais me voici ici,
entre de grands rochers aux dos paisibles.
Des rochers qui lentement sont remontés des vagues.

VISIONS NOCTURNES
MÖRKERSEENDE

1970

LE NOM

Je commence à m'assoupir au cours du voyage et je range ma voiture sous les arbres du bord de la route. M'enroule sur le siège arrière et dors. Combien de temps ? Des heures. La nuit a eu le temps de tomber.

Soudain, je suis réveillé et je ne me reconnais plus. Tout à fait réveillé, mais cela ne sert à rien. Où suis-je ? QUI suis-je ? Je suis cette chose qui s'éveille sur un siège arrière, en proie à la panique, et qui se débat comme un chat dans un sac. Qui ?

Enfin ma vie revient. Mon nom revient comme un ange. Au-delà des murailles, on entend sonner le clairon (comme dans l'Ouverture d'*Éléonore*), et des pas salvateurs descendent vite vite du haut d'un escalier beaucoup trop long. C'est moi ! C'est moi !

Impossible pourtant d'oublier ces quinze secondes de combat dans l'enfer de l'oubli, à quelques mètres de la grand-route où le trafic glisse, toutes lumières allumées.

QUELQUES MINUTES

Le pin bas des marais tient haut sa couronne : un chiffon noir.
Mais ce qu'on voit n'est rien
à côté des racines, du système de racines disjointes, furtivement reptiles. Immortelles ou
demi-mortelles.

Je tu il elle se ramifient aussi.
Au-delà de ce qu'ils veulent.
Au-delà de Métropolis.

Du ciel laiteux de l'été, il tombe de la pluie.
C'est comme si mes cinq sens étaient branchés à un autre être
se déplaçant avec autant d'obstination
que ces coureurs vêtus de clair dans un stade où ruisselle la nuit.

RÉPIT EN JUILLET

Il est couché sous les grands arbres
et là-haut lui aussi. Il se répand en milliers de rameaux,
se balance d'avant en arrière,
assis sur un siège éjectable qui se déclenche dans
   l'instant.

Il est là-bas près des pontons, cligne des yeux lorsqu'il
   regarde l'eau.
Les pontons vieillissent plus vite que les hommes.
Ils ont du bois argenté et des pierres dans le ventre.
La lumière aveuglante s'y enfonce pourtant.

Il vogue tout le jour dans un bateau ouvert
sur les baies étincelantes
finit par s'endormir dans une lampe bleue
tandis que les îles rampent sur le verre, comme de
   grands papillons.

AVEC LE FLEUVE

Conversant avec mes contemporains, je vis, j'entendis
   derrière leurs visages
le fleuve
qui coulait coulait emportait avec lui les volontaires et
   ceux qui l'étaient moins.

Et la créature aux yeux encollés
qui voudrait cheminer au milieu du courant
s'y jette sans frémir
dans un furieux besoin de simplicité.

Passent des eaux toujours plus tumultueuses
comme ici où le fleuve se resserre et se mue
en torrent — à l'endroit où je m'arrête
après un voyage dans les forêts desséchées

un soir de juin: le transistor diffuse les dernières
   nouvelles
de la session extraordinaire. Kossyguine, Eban.
Quelques rares pensées me taraudent sans cesse.
Quelques rares hommes là-bas dans le village.

Et, sous le pont suspendu, des masses d'eau qui croulent
sous mes yeux. Voilà qu'arrive le bois flottant. Quelques
 troncs
filent droit comme des torpilles. D'autres se mettent
en travers, tournoient désemparés et paresseux

ou s'en vont renifler les berges
se faufiler entre les rochers et le bois de flottage, se
 coincer
s'entasser comme des mains jointes
inertes dans ce vacarme...

                      je vis, j'entendis sur le pont suspendu
dans un nuage de moustiques
avec quelques garçons. Leurs bicyclettes
enfouies sous la verdure — seules les cornes
émergeaient.

ZONE LIMITROPHE

Des hommes en combinaison couleur de terre surgissent d'un fossé.
C'est une zone de passage, un point mort, ni ville ni campagne.
Les grues des chantiers à l'horizon veulent faire le grand bond mais les horloges ne suivent pas.
Des tuyaux de ciment éparpillés lapent la lumière de leurs langues sèches.
Des ateliers de carrosserie installés dans d'anciennes étables.
Les pierres jettent une ombre tranchante comme des objets à la surface de la lune.
Et ces endroits ne cessent de s'étendre.
Comme ce qu'on acheta avec l'argent de Judas: «Le champ du potier comme sépulture des étrangers.»

TRAFIC

Le poids lourd et sa remorque rampent dans la brume
comme la grande ombre d'une larve de libellule
progressant dans l'eau trouble sur les bas-fonds du lac.

Les projecteurs se rencontrent dans la forêt ruisselante.
On ne peut deviner le visage de l'autre.
Un flot de lumière tombe des aiguilles des pins.

Nous venons, ombres, véhicules, de tous les côtés
du crépuscule, nous nous suivons
nous croisons, glissons en un tumulte atténué

sur la plaine là-bas où les usines couvent
et les bâtiments s'enfoncent de deux millimètres
par an — le sol les avale lentement.

Des pattes non identifiées laissent leurs empreintes
sur le plus lisse des produits qu'on crée ici en rêve.
Le grain tente de vivre dans l'asphalte.

Mais d'abord les châtaigniers, assombris comme
s'ils préparaient l'éclosion des gants de fer
au lieu des spadices blancs, et derrière eux

les bureaux de l'entreprise — où un néon détraqué
clignote clignote. Il y a aussi une porte secrète. Ouvrez-
 la !
Et regardez dans le périscope renversé

vers le bas, les ouvertures et les tuyaux profonds
où les algues poussent comme les barbes des morts
et le Balayeur dérive dans son habit de morve

avec des gestes toujours plus las, sur le point d'étouffer.
Et personne ne sait comment cela fonctionne, si ce
 n'est que la chaîne
se rompt et se ressoude toujours.

SERVICE DE NUIT

I

Cette nuit, je suis descendu voir le lest.
Je suis un des poids du silence
qui empêchent le caboteur de chavirer!
Des visages dans l'ombre, indistincts comme des pierres.
Qui ne savent que siffler: « Ne me touchez pas. »

II

D'autres voix se bousculent, comme une
ombre étroite, l'auditeur se déplace sur la bande
lumineuse des stations d'une radio.
Le langage marche au pas avec les bourreaux.
Voilà pourquoi nous devrons chercher un autre langage.

III

Le loup est là, ami de toutes les heures,
et il effleure les fenêtres de sa langue.
La vallée est remplie de manches de hache reptiles.
Le grondement du vol de nuit s'écoule sur le ciel,
morne, comme un fauteuil aux roues de fer.

IV

On défonce la ville. Mais le silence s'est fait.
Sous les ormes du cimetière:
un bulldozer vide. La pelle posée au sol —
geste de l'homme somnolant sur la table,
le poing devant lui. — Cloches qui sonnent.

LA FENÊTRE OUVERTE

Je me rasais un matin
devant la fenêtre ouverte du premier étage.
J'avais fait démarrer le rasoir.
Qui s'était mis à ronronner.
À bourdonner de plus en plus fort.
À grandir jusqu'au vacarme.
À grandir jusqu'à l'hélicoptère
et une voix — celle du pilote — perçait
le vacarme, me criait :
« Ouvre les yeux !
C'est la dernière fois que tu vois cela ! »
Nous décollions.
Volions bas au-dessus de l'été.
Toutes les choses que j'aimais, quel poids ont-elles ?
Des dialectes par douzaines dans la verdure.
Et surtout le rouge des cloisons dans nos maisons de
  bois.
Les scarabées luisaient dans le fumier, dans le soleil.
Des caves qu'on avait tirées par les racines
arrivaient par les airs.
Activité.
Les rotatives se lovaient.

À cet instant, les gens étaient
les seuls à rester immobiles.
Ils gardaient une minute de silence.
Et les morts du cimetière champêtre
restaient surtout figés
comme aux débuts de la photographie quand on prenait
 la pose.
Vole bas !
Je ne savais où je tournais la tête —
avec l'horizon partagé
comme un cheval.

PRÉLUDES I-III

I

Je recule devant ce qui vient et glisse en biais sous la
   neige fondue.
Des fragments de ce qui doit arriver.
Une cloison arrachée. Un objet sans regard. Dire.
Un visage fait de dents!
Un mur solitaire. Ou est-ce une maison
bien que je ne la voie pas?
L'avenir: une armée de maisons vides
qui cherchent leur chemin sous la neige fondue.

II

Deux vérités s'approchent l'une de l'autre. L'une de
   l'intérieur l'autre de l'extérieur
et on a une chance de se voir en leur point de rencontre.

Ceux qui le remarquent crient désespérément : « Arrêtez !
Quoi qu'il arrive — faites tout pour empêcher cela ! »

Et il y a un bateau qui cherche à accoster — il le fait
 justement ici
et tentera de le faire mille fois encore.

De l'obscurité de la forêt, on voit surgir une longue
 gaffe
poussée par la fenêtre ouverte
parmi les invités de la fête qui se sont réchauffés en
 dansant.

III

On va vider l'appartement que j'ai habité la plus grande partie de ma vie. On a tout sorti maintenant. L'ancre est levée — et bien que le deuil y règne encore, cet appartement est le plus léger de la ville. La vérité n'a nul besoin de meubles. J'ai fait une fois le tour de la vie pour revenir à mon point de départ : une chambre soufflée. Mes expériences s'inscrivent sur les murs, comme des peintures égyptiennes, des scènes à l'intérieur d'une chambre funéraire. Mais elles s'effacent au fur et à mesure. Parce que la lumière y est trop crue. Les fenêtres se sont agrandies. L'appartement vide est une grande lorgnette dirigée vers le ciel. Le silence est ici le même que chez les Quakers, à l'heure de la prière. Ce qu'on entend, ce sont les pigeons de l'arrière-cour, leurs roucoulements.

TÊTE HAUTE

Je réussis, dans un moment de concentration, à capturer la poule, et la tenais entre mes mains. Chose curieuse, elle ne me semblait pas vraiment vivante : raide, sèche, un vieux chapeau de dame, orné de plumes blanches, qui criait des vérités de l'an 1912. L'orage était dans l'air. Un parfum montait des planches, comme lorsqu'on ouvre un album de famille, si vieux qu'on n'arrive plus à en identifier les portraits.

Je portai la poule jusqu'à l'enclos et la relâchai. Soudain, elle se remit à vivre, retrouva son chemin et se mit à courir selon les règles. Le poulailler abonde de tabous. Mais le terrain qui l'entoure regorge d'amour et de constance. À moitié envahies de verdure, les pierres d'un mur bas. Quand la nuit vient, ces pierres se mettent à luire, faiblement, de la chaleur centenaire des mains qui les dressèrent.

L'hiver a été difficile, mais c'est l'été maintenant, et la terre nous demande de marcher tête haute. Libres mais attentifs, comme lorsqu'on se redresse dans une pirogue. Un souvenir d'Afrique me revient en mémoire : sur une plage du Chari, une armée de bateaux, une atmosphère très cordiale, ces gens d'un noir presque bleuté qui avaient trois cicatrices parallèles sur chaque joue (la tribu des Sara). Je suis le bienvenu à bord — un canot de bois sombre. Il est étrangement instable, même quand je reste assis sur les talons. Un numéro d'équilibriste. Si le cœur est situé à gauche, il faut pencher un peu la tête à droite, rien dans les poches, pas de grands gestes, toute rhétorique devant rester à terre. C'est cela : la rhétorique n'a rien à faire ici. Le canot s'éloigne en glissant sur le fleuve.

LA BIBLIOTHÈQUE VITRÉE

On était allé la chercher dans l'appartement de la morte. Elle était restée vide durant quelques jours, vide, avant que je ne la remplisse de livres, de ces livres reliés, ceux qui pèsent. C'est ainsi que j'avais laissé entrer les ombres. Quelque chose avait surgi, par le bas, pour monter avec la lenteur inexorable d'une immense colonne de mercure. On n'avait pas le droit de détourner la tête.

Les volumes obscurs, ces visages fermés. Ils rappellent ces Algériens qui se tenaient devant le poste de contrôle de la Friedrichstrasse et qui attendaient que les Vopos épluchent leurs passeports. Mon passeport était parti, depuis longtemps déjà, quelque part entre les cages de verre. Et le brouillard qui régnait ce jour-là, à Berlin, règne à présent dans la bibliothèque. Comme une vieille désespérance, au goût de Passchendaele et de Traité de Versailles, un goût encore plus ancien que cela. Ces bouquins noirs et pesants — j'y reviens — ne sont, en réalité, qu'une sorte de passeport, et s'ils sont devenus si épais, c'est qu'on y a amassé tant de visas au cours des siècles. On ne peut, de toute évidence, voyager avec des bagages trop légers, maintenant qu'on décolle, qu'enfin on...

Les vieux historiens sont tous là, ils ont le droit de monter et de jeter un regard sur notre famille. On n'entend rien, mais leurs lèvres remuent sans arrêt derrière la vitre («Passchendaele...»). On en vient à penser à une administration un peu vétuste (et ce qui va suivre est une véritable histoire de fantômes), à un bâtiment où les portraits de personnages morts depuis longtemps déjà ont été mis sous verre et, un matin, il y avait de la buée derrière la vitre. Ils s'étaient mis à respirer durant la nuit.

La bibliothèque vitrée a plus de pouvoirs encore. Les regards par-delà la frontière! Une membrane scintillante, la surface scintillante d'un fleuve noir où la chambre devra se mirer. Et on n'aura pas le droit de détourner la tête.

SENTIERS

STIGAR

1973

À DES AMIS
AU-DELÀ D'UNE FRONTIÈRE

I

Je vous ai écrit une lettre si sèche. Mais ce que je n'ai
 pu écrire
s'est gonflé et gonflé comme autrefois les dirigeables
pour finalement partir dans le ciel de la nuit.

II

Ma lettre est maintenant chez le censeur. Il allume sa
 lampe.
Dans son éclat, mes mots s'envolent comme des singes
 sur une grille,
ils la secouent, se figent et montrent les dents!

III

Lisez entre les lignes. Nous nous verrons dans deux cents ans,
lorsque les microphones seront oubliés dans les murs de l'hôtel
et qu'ils pourront enfin dormir, devenir trilobites.

DE LA FONTE DES NEIGES - 66

Eau qui croule qui croule fracas vieille hypnose.
Le torrent inonde le cimetière de voitures, rutile
derrière les masques.
Je serre fort le parapet du pont.
Le pont: ce grand oiseau de fer qui plane sur la mort.

ESQUISSE EN OCTOBRE

Le remorqueur a des taches de rousseur. Que fait-il si loin dans les terres ?
C'est une lourde lampe éteinte dans le froid.
Mais les arbres ont des teintes impétueuses. Des signaux envoyés à l'autre rive !
Comme si certains d'entre eux voulaient qu'on vienne les prendre.

En rentrant chez moi, je vois que les coprins jaillissent du gazon.
Ce sont les doigts désemparés de celui
qui a longtemps sangloté seul dans l'obscurité du sol.
Nous sommes à la terre.

PLUS LOIN ENCORE

À la grande entrée de la ville
quand le soleil est bas.
La circulation se traîne, épaissit.
Tel un dragon paresseux, étincelant.
Je suis une des écailles du dragon.
Soudain, le soleil incandescent
est au milieu du pare-brise
et me submerge.
Je suis translucide
et une écriture inscrit
en moi
des mots tracés à l'encre sympathique
qui surgissent
lorsqu'on tient le papier au-dessus de la flamme !
Je sais qu'il me faut partir très loin
traverser la ville et aller plus
loin encore, jusqu'à ce que vienne l'heure de sortir
et de marcher longuement en forêt.
De suivre les traces du blaireau.
L'obscurité se fait, difficile d'y voir.
Mais là, sur la mousse, il y a des pierres.
L'une d'elles est précieuse.

Elle peut tout convertir :
elle sait faire briller l'obscurité.
C'est un commutateur pour le pays entier.
Tout y est raccordé.
La regarder, l'effleurer...

EN FACTION

On m'envoie là-bas sur un grand tas de pierres
comme un cadavre illustre de l'âge de fer.
Les autres sont restés sous la tente et dorment
étalés comme les rayons d'une roue.

Sous la tente, le poêle fait la loi : un grand serpent
qui a gobé une boule de feu et qui siffle.
Mais pas un bruit ici dans la nuit de printemps
parmi ces pierres froides qui guettent la lumière.

Et ici dans le froid, je me mets à voler
comme un chaman, je vole vers son corps
aux marques blanches laissées par le maillot —
nous étions en plein soleil. La mousse était chaude.

Je glisse le long de chauds instants
mais ne peux m'y attarder longtemps.
Ils me rappellent à eux, ils sifflent dans l'espace —
je rampe entre les pierres. Ici et maintenant.

Mission : être là où l'on est.
Même dans ce rôle grotesque et

compassé — je suis l'endroit précis
où la genèse se perfectionne.

Le jour vient, les troncs des arbres épars
maintenant se colorent, les fleurs du printemps
qu'a mordues la gelée ratissent doucement le terrain
et recherchent quelqu'un qui disparut dans l'ombre.

Mais être là où l'on est. Et attendre.
Je suis anxieux, obstiné et confus.
Les événements futurs, ils existent déjà!
Je le sens. Ils sont là dehors:

Une foule de gens qui murmurent au-delà des barrières.
Ils ne pourront passer qu'un à un.
Ils veulent entrer. Pourquoi? Ils arrivent
un à un. Je suis le tourniquet.

LE LONG DU RAYON

I

Le fleuve couvert de glace rayonne au soleil
ici, c'est le toit du monde,
le silence.

Je suis assis sur une barque renversée
déglutis la drogue du soleil
tournoie lentement.

II

Une roue s'étend à l'infini, elle tourne.
Ici, c'est le centre. Il est
presque immobile.

Plus loin, on observe le mouvement: des pas dans la
 neige

l'écriture qui glisse le long
des façades.

La circulation fourmillante des autoroutes
et la circulation silencieuse
des revenants.

Plus loin : les masques de la tragédie dans le vent contraire
et le vacarme de la vitesse — plus loin :
l'assaut

où s'évaporent les derniers mots d'amour —
ces gouttes d'eau qui rampent
sur des ailes d'acier —

et des profils qui s'exclament — écouteurs décrochés
claquant l'un contre l'autre —
des kamikazes !

III

Le fleuve couvert de glace étincelle et se tait.
Ici, les ombres sont basses
et sans voix.

Jusque-là, mes pas n'étaient que des explosions souterraines
que le silence recouvrait de peinture
de peinture.

REGARD PERÇANT LE SOL

Le soleil blanc s'écoule dans le smog.
La lumière s'égoutte, elle descend à tâtons

jusqu'à mes yeux qui reposent sous terre
loin sous la ville et regardent vers le haut,

voient la ville d'en bas : les rues, les fondations —
rappellent les vues d'avion d'une ville en temps de
 guerre,

bien qu'à l'envers — une photo de taupe :
des carrés de silence aux teintes assourdies.

C'est là que les décisions se prennent. Le squelette des
 morts
qu'on ne distingue en rien de celui des vivants.

La lumière du soleil augmente de volume, se répand
dans les cabines des avions et dans les cosses des pois.

SOIR DE DÉCEMBRE - 72

Me voilà, moi, l'homme invisible, peut-être employé
par la Grande Mémoire à vivre en cet instant. Et je
 longe

l'église blanche cadenassée — où un saint de bois
 sourit
debout, désemparé, comme si on lui avait ôté ses
 lunettes.

Il est seul. Et tout le reste est là, là, là. La pesanteur
 qui nous presse
sur le travail le jour et sur le lit la nuit. La guerre.

LA CONGRÉGATION DISPERSÉE

I

Nous avions accepté de montrer nos foyers.
Le visiteur a pensé : vous vivez bien.
Les taudis sont dans vos âmes.

II

À l'intérieur de l'église : des piliers et des voûtes,
blancs comme du plâtre, comme la bande de plâtre
sur le bras cassé de la foi.

III

À l'intérieur de l'église, l'assiette du mendiant
s'élève d'elle-même du sol
et passe entre les bancs.

IV

Mais les cloches des églises doivent s'en aller sous terre.
Elles s'accrochent aux tuyaux des égouts.
Elles tintent sous nos pas.

V

Le somnambule Nicodème sur la route
de l'Adresse. Qui a l'adresse ?
Ne le sais pas. Mais c'est là que nous allons.

TARD EN MAI

Pommiers et cerisiers en fleur aident le village à planer dans
la douce, la sale nuit de mai, gilet de sauvetage blanc, les pensées prennent le large.

Herbes et mauvaises herbes aux coups d'ailes silencieux, obstinés.
La boîte aux lettres luit paisiblement, on ne peut revenir sur ce qui est écrit.

Un vent tiède frais traverse ma chemise et touche du doigt le cœur.
Pommiers et cerisiers rient tout bas de Salomon,
fleurissent dans mon tunnel. J'ai besoin d'eux,
non pour oublier, mais pour me souvenir.

ÉLÉGIE

J'ouvre la première porte.
C'est une grande chambre inondée de soleil.
Une lourde voiture passe dans la rue
et fait trembler la porcelaine.

J'ouvre la porte numéro deux.
Amis! Vous avez bu de l'ombre
pour vous rendre visibles.

Porte numéro trois. Une chambre d'hôtel étroite.
Avec vue sur une ruelle.
Une lanterne qui étincelle sur l'asphalte.
Belles scories de l'expérience.

BALTIQUES
ÖSTERSJÖAR
1974

I

C'était avant le temps des poteaux télégraphiques.

Mon grand-père était jeune pilote côtier. Il inscrivait dans son carnet les bateaux qu'il pilotait —
noms, destinations, tirants d'eau.
Quelques exemples de 1884 :
Vap. Tiger Capit. Rowan 16 pieds Hull Gefle Furusund
Brick Ocean Capit. Andersen 8 pieds Sandefjord Hernösand Furusund
Vap. St Pettersburg Capit. Libenberg 11 pieds Stettin Libau Sandhamm

Il les amenait jusque dans la Baltique, à travers cet extraordinaire dédale d'îles et d'eau.
Et ceux qui se rencontraient à bord et se laissaient porter, quelques heures ou quelques jours, par la même carcasse,
à quel point faisaient-ils connaissance ?

Dialogues en anglais mal orthographié, entente et mésentente mais si peu de mensonges conscients.
À quel point faisaient-ils connaissance ?

Quand la brume était épaisse : visibilité réduite, vitesse limitée. D'une enjambée, la presqu'île sortait de l'invisible et se tenait à proximité.
Un beuglement toutes les deux minutes. Les yeux lisaient droits dans l'invisible.
(Avait-il le dédale en tête ?)
Les minutes passaient.
Les fonds et les îlots remémorés comme des psaumes.
Et cette sensation d'être « là et nulle part ailleurs » qu'il fallait conserver, comme lorsqu'on porte un vase rempli jusqu'à ras bord et qu'on ne doit rien renverser.

Un regard jeté dans la salle des machines.
La machine compound, aussi robuste que le cœur humain, travaillait avec des gestes délicatement élastiques, acrobates d'acier, et des parfums montaient comme d'une cuisine.

II

Le vent a pénétré dans la forêt de pins. Un murmure pesant et léger.
La Baltique murmure aussi au milieu de l'île, au fond de la forêt nous voici en haute mer.
La vieille femme haïssait le murmure des arbres. Son visage se fermait de mélancolie, chaque fois que la tempête se levait :
« Il nous faut penser à ceux qui sont là-bas, sur leurs bateaux. »
Mais elle entendait encore autre chose dans ce murmure, tout comme moi, nous sommes parents.
(Nous marchons côte à côte. Elle est morte depuis trente ans déjà.)
Le murmure dit oui et non, entente et mésentente.
Le murmure dit trois enfants bien portants, un au sanatorium et deux autres disparus.
Le grand courant d'air qui insuffle la vie à certaines flammes et qui en éteint d'autres.
                Les circonstances.

Le murmure : Délivrez-moi, Seigneur, les eaux me pressent l'âme.
On marche longtemps et on écoute et on arrive au moment où les frontières s'ouvrent
ou plutôt
où tout devient frontière. Une place découverte plongée dans l'obscurité. Des gens sortent groupés des bâtiments faiblement éclairés tout autour. Une rumeur.

Un nouveau coup de vent et la place se retrouve silencieuse et vide.
Un nouveau coup de vent, la brise parle d'autres rivages.
Il est question de la guerre.
Il est question d'endroits où les citoyens sont sous contrôle, où les pensées sont conçues avec des sorties de secours, où un dialogue entre amis devient vraiment une preuve de ce que l'amitié veut dire.
Et quand on se retrouve avec ceux qu'on ne connaît pas si bien. Le contrôle. Une certaine franchise est de mise
quand on ne quitte pas des yeux ce qui dérive aux confins du dialogue : quelque chose de noir, une tache noire.
Quelque chose qui pourrait dériver jusqu'ici
et tout détruire. Ne la quittez surtout pas des yeux !
À quoi peut-on la comparer ? À une mine ?
Non, ce serait trop palpable. Et presque trop paisible — car sur nos côtes, les histoires de mines ont, pour la plupart, une fin heureuse, terreur limitée dans le temps.
Comme dans l'histoire du bateau-phare : « Durant

l'automne 1915, on dormit mal... » etc. On avait repéré une mine flottante
qui dérivait lentement vers le bateau-phare, elle disparaissait puis remontait, parfois masquée par les brisants, surgissant parfois comme un espion dans la foule.
L'équipage était au sol, épouvanté, et lui tirait dessus. En vain. À la fin, on lança une chaloupe
et on attacha une longue corde à la mine que l'on remorqua longtemps et avec précaution jusque chez les experts.
Plus tard, on dressa la cosse noire de la mine dans un square sablonneux, comme décoration,
à côté des cosses du Strombus gigas des Indes occidentales.
Et le vent de la mer a pénétré les pins desséchés, plus loin encore, il se hâte de glisser sur le sable du cimetière,
longe les pierres qui s'inclinent, les noms des pilotes. Le murmure desséché
des grands porches qu'on ouvre et des grands porches qu'on ferme.

III

Dans un coin mal éclairé de l'église du Gotland, dans un halo de douces moisissures
où se trouve un bénitier de grès — du XIIe siècle — le nom du tailleur de pierres
est resté, il reluit
comme une rangée de dents dans la fosse commune :
     HEGWALDR
       le nom est resté. Et ses reliefs
ici et sur les parois d'autres vases, un grouillement de gens, des figures qui jaillissent de la pierre.
Les noyaux du bien et du mal éclatent là dans l'œil.
Hérode attablé : le coq rôti s'envole et chante «Christus natus est» — le serviteur a été exécuté —
et tout près, l'enfant naît, sous des grappes de visages aussi dignes et désemparés que ceux de jeunes singes.
Et les pas fugitifs des dévots
résonnent sur les écailles de dragon des longs tuyaux d'égout.

(Des images plus fortes dans la mémoire que si elles se dressaient devant nous, et encore plus fortes
quand le bénitier se met à tourner dans la mémoire comme un manège qui gronde faiblement.)
Nulle part sous le vent. Et le risque partout.
Comme ce fut. Comme cela est.
Il n'y a de paix qu'à l'intérieur, dans l'eau du vase que personne ne voit, mais la guerre fait rage sur ses parois.
Et la paix peut venir au goutte-à-goutte, peut-être même la nuit
quand nous ignorons tout,
c'est comme dans une salle d'hôpital, lors d'une perfusion.
Des hommes, des monstres, des ornements.
Il n'y a pas de paysage. Des ornements.

Mr. B***, mon aimable compagnon de voyage, en exil, sorti de Robben Island, me disait :
« Je vous envie. La nature ne me dit rien.
Mais *des gens dans un paysage*, cela me dit quelque chose. »

Voici des gens dans un paysage.
Une photo de 1865. La chaloupe à vapeur accostée dans le chenal.
Cinq figures. Une dame en crinoline blanche, comme un grelot, comme une fleur.
Les hommes ressemblent aux figurants d'une farce paysanne.
Ils sont tous beaux, indécis, sur le point d'être gommés.
Ils descendent à terre un court instant. Ils sont gommés.
La chaloupe à vapeur, un modèle périmé —

avec haute cheminée, marquise, coque étroite —
est vraiment étrange, un OVNI après l'atterrissage.
Tout le reste sur la photo est choquant de vérité :
les rides sur l'eau,
l'autre rivage —
je peux passer la main sur ses pentes rugueuses,
je peux entendre le murmure des pins
C'est si proche. C'est
aujourd'hui.
Les vagues sont actuelles.

Cent ans plus tard, maintenant. Les vagues arrivent par un no man's water
et heurtent les rochers.

Je longe le rivage. Je n'ai pourtant pas l'impression de le faire.
On doit trop s'épancher, trop de dialogues à la fois, nos murs sont bien ténus.
Chaque objet dispose d'une ombre nouvelle derrière son ombre ordinaire et on l'entend la traîner, même lorsque la nuit est noire.

Il fait nuit.

Le planétarium des stratégies se tord. Les lentilles scrutent l'obscurité.
Le ciel de la nuit déborde de chiffres, et ils alimentent une armoire scintillante,
un meuble
qu'habite l'énergie d'une armée de sauterelles dénudant plusieurs arpents de terre somalienne en une demi-heure.

Je ne sais pas si nous en sommes au début ou à la dernière phase.
On ne peut pas donner de conclusion, toute conclusion est impossible.
La conclusion, c'est la mandragore —
(voir le dictionnaire des superstitions :
    MANDRAGORE

          plante miraculeuse
qui lançait un cri si affreux quand elle était arrachée à la terre,
qu'on en tombait mort. Un chien devait le faire...).

IV

Des plans rapprochés,
à l'abri du vent.

Le goémon. Les forêts de goémon luisent dans l'eau claire, elles sont jeunes, on voudrait y refaire sa vie, se coucher de tout son long sur son image dans le miroir et couler jusqu'à un certain point — le goémon surnage avec des bulles d'air, comme nous surnageons avec des idées.

La cotte quadricorne. Ce poisson est un crapaud qui voulait se faire papillon et qui y parvient à un tiers, il se blottit dans l'herbe marine, mais remonte dans les filets, accroché à ses piquants et ses verrues pathétiques — quand on le dégage des mailles du filet, les mains brillent de morve.

Les rochers. Là-bas, sur les lichens que chauffe le soleil, courent les bestioles, elles sont aussi pressées que l'aiguille des secondes — le sapin jette une ombre, elle avance doucement comme l'aiguille des heures — en moi le temps s'est arrêté, un temps sans fin, le temps qu'il faut pour oublier toutes les langues et inventer le mouvement perpétuel.

À l'abri du vent, on peut entendre l'herbe pousser — un léger roulement de tambour par le bas, le faible grondement de millions de flammèches, c'est ainsi qu'on entend l'herbe pousser.

Et maintenant le grand large, sans porte : la frontière ouverte
ne cesse de s'élargir
au fur et à mesure que l'on s'étire.

Il y a des jours où la Baltique est un toit immobile, infini.
Rêvez alors, en toute innocence, de quelque chose qui rampe sur ce toit et tente de démêler les cordes des drapeaux,
qui tente de hisser
le chiffon —
ce drapeau si froissé par le vent, enfumé par la cheminée et blanchi par le soleil qu'il pourrait être à tout le monde.

Mais la route est encore longue jusqu'à Liepāja.

V

30 juillet. L'archipel s'est fait excentrique — aujourd'hui, pour la première fois depuis des années, l'eau grouille de méduses, elles progressent avec calme et avec douceur, elles appartiennent à la même compagnie maritime : AURELIA, elles dérivent comme des fleurs après des obsèques en mer, lorsqu'on les retire de l'eau, elles perdent toute forme comme si l'on tirait de l'ombre une indicible vérité qui se formulait en gelée amorphe, elles sont en fait intraduisibles, elles ne peuvent que rester dans leur élément.

2 août. Quelque chose voudrait être dit, mais les mots ne suivent pas.
Quelque chose qui ne peut être dit,
aphasie,
il n'y a pas de mots, mais peut-être un style...

Il arrive qu'on se réveille la nuit
et qu'on jette très vite quelques mots
sur le papier le plus proche, dans la marge d'un journal
(les mots rayonnent de significations!)

mais le matin: les mêmes mots ne veulent plus rien dire, des gribouillis, des lapsus.
Ou les fragments du grand style nocturne qui nous aurait frôlés?

La musique vient à quelqu'un, il est compositeur, on le joue, il fait carrière, devient directeur du conservatoire.
Le vent tourne, et il est condamné par les autorités.
Son élève K*** se voit promu procureur général.
On le menace, on le dégrade, on le bannit.
Quelques années plus tard, la disgrâce est levée, on le réhabilite.
Vient alors l'hémorragie cérébrale: paralysie du côté droit accompagnée d'aphasie, il n'arrive à saisir que des phrases simples, il ne trouve plus les mots.
L'élévation ou le blâme ne l'atteignent donc plus.
Mais la musique reste, il compose toujours dans le style qui est le sien,
et devient une sensation pour les médecins durant le temps qui lui reste à vivre.

Il écrivait de la musique sur des textes qu'il ne comprenait plus
— de la même manière
qu'avec nos vies nous exprimons quelque chose
dans le chœur des lapsus fredonnés.

Les cours de la mort durèrent plusieurs semestres. J'y
 assistais avec ces camarades que je ne connaissais pas
(qui êtes-vous donc?)
— ensuite, chacun partit de son côté, des profils.

Je regardai le ciel et le sol et tout droit
et j'écris depuis lors une longue lettre aux morts
sur une machine qui n'a pas de ruban, seule une ligne
 d'horizon,
ainsi, les mots cognent en vain et rien ne reste.

J'ai la main sur la poignée de la porte, je prends le
 pouls de la maison.
Les murs ont tant de vie
(les enfants n'osent pas dormir seuls dans la chambre,
 là-haut — ce qui me rassure les angoisses).

3 août. Là-bas, dans l'herbe humide
glisse un hommage médiéval: l'escargot vigneron,
la limace aux subtiles lueurs de gris et de jaune, avec
 sa maison onduleuse,
implantée par des moines qui aimaient les *escargots* —
 car des Franciscains vinrent ici,
cassèrent de la pierre et brûlèrent de la chaux, l'île
 leur revint en 1288, donation du roi Magnus,
la forêt tomba, les fours brûlèrent, la chaux fit voile
jusqu'aux bâtiments du couvent...
                                        Sœur limace
est presque immobile dans l'herbe, ses antennes se
 contractent
et se déroulent, incertitude et perturbations...
Ce qu'elle me ressemble dans ma quête!

Le vent qui a si méticuleusement soufflé toute la journée
— sur les derniers îlots, les brins d'herbe sont comptés —
s'est doucement couché à l'intérieur de l'île. La flamme de l'allumette reste dressée.
La peinture marine et le sous-bois s'assombrissent ensemble.
Le feuillage de l'arbre à cinq étages noircit lui aussi.
« Chaque été est le dernier. » C'est une phrase creuse
pour toutes les créatures du milieu de cette nuit de fin d'été
où les grillons comme fous cousent à la machine
et la Baltique est proche
et le robinet solitaire se dresse comme une statue équestre
parmi les églantiers. L'eau a goût de fer.

VI

L'histoire de ma grand-mère avant qu'elle ne s'oublie :
    ses parents meurent jeunes,
le père en premier. Quand la veuve remarque que la
    maladie va l'emporter elle aussi,
elle va de maison en maison, vogue d'île en île
avec sa fille : « Qui veut bien s'occuper de Maria ? » Une
    maison étrangère
de l'autre côté de l'archipel accepte de la prendre. Ils
    en ont les moyens.
Mais ceux qui en avaient les moyens n'étaient pas les
    bons. Le masque de la piété se fend.
L'enfance de Maria prend fin avant l'heure, elle est
    servante sans salaire
dans un froid continuel. Bien des années. Le mal de
    mer
continuel pendant les longues traversées à la rame, la
    terreur
solennelle à table, les visages, la peau de brochet qui
    craque

dans la bouche: sois reconnaissante, reconnaissante.
        Elle ne regarda jamais derrière elle
et c'est pour cela qu'elle savait voir La Nouveauté
et s'en saisir.
Échapper à la traque!

Je me souviens d'elle. Je me pressais contre elle
et à l'instant de la mort (au moment du passage?) elle m'envoya une pensée,
et ainsi je compris — moi, enfant de cinq ans — ce qui s'était
passé une demi-heure avant qu'ils n'appellent.

Je me souviens d'elle. Mais sur la prochaine photo jaunie,
il y a cet inconnu —
qui, d'après ses vêtements, date du milieu du siècle dernier.
Un homme dans la trentaine: des sourcils épais,
un visage qui me regarde droit dans les yeux
et murmure: «Je suis là.»
Mais il n'y a plus personne
qui se souvienne de qui «je» suis. Personne.

La tuberculose? L'isolement?

Il s'arrêta une fois
sur la pente rocheuse de l'océan, parmi les herbes vaporeuses,
et sentit le bandeau noir qu'il avait sur les yeux.

Ici, derrière ces épais fourrés — est-ce la plus ancienne maison de l'île?

Un hangar à bateaux de deux cents ans, à la charpente basse de poutres croisées, au bois lourd couvert de poils gris.

Et avec un bruit sec, le cadenas moderne en laiton s'est refermé sur tout cela, il brille comme l'anneau dans les naseaux d'un vieux taureau

qui refuserait de se lever.

Que de bois recroquevillé ici! Sur le toit, les tuiles antiques ont croulé partout les unes sur les autres

(le dessin original qu'a altéré, au cours des années, la rotation terrestre)

cela me rappelle quelque chose... j'y suis allé... attendez : c'est l'ancien cimetière juif de Prague,

là où les morts sont plus serrés que de leur vivant, les pierres serrées serrées.

Que d'amour traqué ici! L'écriture des lichens dans une langue inconnue sur ces tuiles

qui sont les pierres tombales du ghetto de l'archipel, pierres effondrées et dressées. —

La masure reluit

de tous ceux qu'une certaine vague, qu'une certaine brise ont

menés jusqu'ici, jusqu'à leur destinée.

LA BARRIÈRE DE VÉRITÉ
SANNINGSBARRIÄREN
1978

I

CITOYENS

La nuit après l'accident, je rêvai d'un homme variolé
qui chantait dans les ruelles.
Danton !
Pas l'autre, non — Robespierre ne fait pas ces
 promenades-là.
Robespierre passe une heure le matin à faire sa toilette
et consacre au Peuple le reste de sa journée.
Au paradis de la diatribe, entre les appareils de la
 vertu.
Danton —
ou celui qui portait son masque —
marchait comme sur des échasses.
Je voyais son visage par le bas :
comme une lune grêlée
à moitié éclairée, à moitié endeuillée.
Je voulais dire quelque chose.
Un grand poids sur le cœur, le poids
qui fait marcher les horloges,
tourner les aiguilles — l'an Un, l'an Deux...
Une lourde odeur, comme la sciure dans la cage du
 tigre.
Et — comme toujours en rêve — pas de soleil.

Mais les murs luisaient
dans les ruelles qui s'incurvaient,
descendaient vers la salle d'attente, la salle incurvée,
la salle d'attente où tous nous...

PASSAGE CLOUTÉ

Un vent glacial dans les yeux, et des soleils qui dansent
dans le kaléidoscope des larmes lorsque je croise
la rue qui m'a si longtemps suivi, cette rue
où l'été du Groenland brille sur les flaques.

Autour de moi voltige toute la force de la rue
qui ne se rappelle rien et ne veut rien non plus.
Et au fond du sol, sous la circulation, la forêt
à naître attendra calmement pendant mille ans encore.

Soudain, j'ai l'impression que la rue m'observe.
Son regard est si terne que même le soleil
rappelle une pelote grise dans un espace obscur.
Mais je luis en cet instant! La rue m'observe.

LA CLAIRIÈRE

Il y a, au milieu de la forêt, une clairière insoupçonnée que ne découvre que celui qui s'égare.
La clairière est cernée par une forêt qui étouffe peu à peu. Des troncs noirs, à la barbe cendrée des lichens. Ces arbres vissés très près sont morts jusqu'à leur cime, où quelques branches vertes effleurent la lumière. Et dessous : l'ombre qui couve de l'ombre, la tourbe qui s'étend.
Mais l'herbe est étrangement vivante sur cette place ouverte. Où gisent de grandes pierres qui semblent alignées. Sans doute les fondations d'une maison, mais je me trompe peut-être. Qui a vécu ici ? Personne ne peut nous renseigner. Les noms sont quelque part, dans des archives que nul n'ouvre plus (seules les archives gardent leur jeunesse). La tradition orale se perd et, avec elle, les souvenirs. Le clan tzigane se souvient, mais ceux qui savent écrire oublient. Noter pour oublier.
Un bruissement de voix dans la chaumière, c'est le centre du monde. Mais ses habitants meurent ou s'en vont, et la chronique prend fin. La chaumière reste à l'abandon pendant bien des années. Et elle se change

en sphinx. À la fin, tout s'en est allé, si ce n'est les fondations.
Je suis déjà venu ici, d'une certaine façon, mais je dois repartir maintenant. Je plonge dans les taillis. On n'arrive à les traverser qu'en faisant un pas en avant et deux pas sur le côté, comme un cavalier d'un jeu d'échecs. Mais la forêt s'éclaircit peu à peu et la lumière revient. Mes pas s'allongent. Un sentier vient se blottir contre moi. Je suis de retour dans le réseau de communication.
Sur le pylône bourdonnant d'une ligne à haute tension, un scarabée s'est mis au soleil. Sous ses élytres luisants, les ailes reposent, aussi judicieusement repliées qu'un parachute empaqueté par un spécialiste.

DÉBUT DU ROMAN D'UNE NUIT
DE FIN D'AUTOMNE

Le bateau sent le fuel et quelque chose cliquette comme une obsession. Le projecteur s'allume. Nous approchons de l'embarcadère. Il n'y a que moi à descendre ici. «Dis, tu veux la planche?» Non. Je fais un grand pas hésitant au milieu de la nuit et puis je suis sur l'embarcadère, sur l'île. Je me sens tout mouillé et pesant, un papillon juste sorti du cocon, les sacs en plastique pendent de chaque main comme des ailes difformes. Je me retourne et je vois que le bateau s'éloigne en glissant, tous hublots allumés, puis j'avance à tâtons jusqu'à la maison restée vide si longtemps. Toutes les maisons du voisinage sont inhabitées... C'est bien de s'endormir ici. Je suis couché sur le dos et je ne sais pas si je dors ou si je suis éveillé. Quelques livres que j'ai lus me reviennent en mémoire, comme ces vieux voiliers partis pour le Triangle des Bermudes et disparus sans laisser de traces... On entend un bruit creux, comme un tambour distrait. Un objet que le vent cogne, encore et encore, à quelque chose que la terre retient. Si la nuit n'est pas que cette absence de lumière, si la nuit *existe* vraiment, alors elle est ce bruit. Le bruit stétoscopique d'un cœur au ralenti, qui bat, qui se tait un instant, qui revient. Comme si cette créature zigzaguait sur la Ligne de Démarcation. Ou quelqu'un qui cogne à un mur, quelqu'un qui appartient à l'autre monde mais qui est resté ici, qui cogne et veut revenir. Trop tard. N'a pas eu le temps de descendre, de monter jusqu'ici, de monter à bord... L'autre monde est aussi notre monde. Le lendemain matin, je vois une branche au feuillage mordoré, grésillant. Une souche reptile. Des visages aux rochers. La forêt est pleine de ces monstruosités restées à terre et que j'adore.

POUR MATS ET LAILA

La ligne de changement de date s'étend paisiblement entre Samoa et Tonga, mais la ligne de partage de minuit glisse sur l'océan, les îles et le toit des huttes. Là-bas, de l'autre côté, ils dorment. Ici, dans le Värmland, on est en milieu de journée, une journée radieuse de début d'été — j'ai jeté tous mes bagages au loin. Quelques brasses dans le ciel, ce que l'air est bleu... J'aperçois soudain les coteaux sur l'autre rive du lac : ils ont été coupés à blanc. Et ressemblent aux parties rasées du crâne d'un patient qu'on va opérer du cerveau. Ils ont toujours été là, mais je ne les avais pas encore remarqués jusqu'alors. Des œillères et une minerve... Le voyage se poursuit. Le paysage est à présent couvert de lignes et de traits, comme sur ces gravures anciennes dont les personnages minuscules se déplaçaient entre des montagnes et des collines, rappelant des fourmilières et des villages constitués eux aussi de milliers de traits. Et chaque fourmi humaine tirait son trait sur la grande gravure, il n'y avait pas vraiment de centre, mais tout était vivant. Autre chose : ces silhouettes sont minuscules, mais elles ont toutes un visage imparti par le graveur, non, cette fois, ce ne sont pas des fourmis. Ce sont des gens simples pour la plupart, mais qui savent écrire leur nom. Protée, quant à lui, est un homme moderne qui s'exprime sans difficulté dans tous les domaines, et il a des « messages clairs » ou des fanfreluches, selon l'équipe à laquelle il appartient. Mais il ne sait pas écrire son nom. Ce qui le fait reculer, comme le loup-garou face à la balle en argent. D'ailleurs, ni l'hydre de la compagnie, ni l'État ne l'exigent de lui... Le voyage se poursuit. Dans cette maison habite un homme si désespéré qu'un soir, il a tiré un coup de fusil sur le hamac vide qui flottait au-dessus de l'herbe. Et la ligne de partage de minuit approche, elle aura bientôt fait la moitié d'un tour. (N'allez pas prétendre que je veux ramener en arrière les aiguilles de l'horloge !) La fatigue ira se déverser dans le trou laissé par le soleil... Je n'ai jamais vu le diamant de l'instant particulier tirer un trait inaltérable en travers de l'image du monde. Non, c'est l'usure, une constante usure qui a gommé ce sourire éclatant et étrange. Mais quelque chose réapparaît, *par frottement*, cela se met à ressembler à un sourire, on ne sait pas encore à quoi cela pourra servir. C'est ouvert. C'est quelqu'un qui s'empare de mon bras à chaque fois que j'essaie d'écrire.

DURANT L'HIVER 1947

À l'école, durant la journée, la sourde et grouillante forteresse.
Je rentrais au crépuscule chez moi sous les panneaux.
On entendait alors un murmure sans lèvres :
   « Somnambule, réveille-toi ! »
et tous les objets montraient du doigt la Chambre.

Au cinquième étage, cette chambre sur cour. La lampe brûlait
toutes les nuits dans un cercle de terreur.
J'étais là sans paupières assis sur mon lit et regardais
des livres et des livres d'images avec des pensées de malade mental.

Comme si c'était indispensable...
Comme si la toute dernière enfance avait été brisée
pour pouvoir passer par la grille.
Comme si c'était indispensable...

Je parcourais des livres de verre mais ne voyais que le reste :
les taches qui se pressaient à la surface du papier peint.

C'étaient les morts-vivants
qui voulaient qu'on fasse leur portrait!

Jusqu'au lever du jour, quand les éboueurs passaient
en bas et faisaient retentir leurs récipients de tôle,
ces cloches grises et paisibles de l'arrière-cour
qui sonnaient pour me bercer.

II

SCHUBERTIANA

I

À la nuit tombante, sur une place en dehors de New York, un point de vue d'où l'on peut, d'un seul coup d'œil, embrasser les foyers de huit millions d'hommes.

L'immense ville, là-bas, est une longue congère scintillante, une nébuleuse spirale vue de côté.

Dans cette galaxie, on fait glisser des tasses de café sur les comptoirs, les vitrines demandent l'aumône aux passants, un grouillement de chaussures qui ne laissent aucune trace.

Les échelles d'incendie grimpent aux façades, les portes des ascenseurs se rejoignent, un perpétuel flot de paroles derrière les portes verrouillées.

Des corps affaissés somnolent dans les wagons du métro, ces catacombes qui filent droit devant.

Je sais aussi — sans aucune statistique — qu'à cet instant précis, dans une de ces chambres là-bas, on joue du Schubert et que ces notes pour quelqu'un sont plus réelles que tout le reste.

II

Les espaces infinis du cerveau humain ont été réduits à la taille d'un poing.
En avril, l'hirondelle revient dans son nid de l'année précédente, sous la même gouttière, dans la même grange, dans le même village.
Elle s'envole du Transvaal, elle passe l'Équateur, survole deux continents durant six semaines, et se dirige tout droit vers un point qui se perd dans l'étendue des terres.
Et celui qui capte les signaux d'une vie entière en ces quelques accords, en fait assez banals, d'un quintette à cordes,
lui qui fait couler un fleuve par le chas d'une aiguille, est un monsieur de Vienne, encore jeune et obèse, que ses amis surnommaient «la Girolle», qui dormait avec ses lunettes sur le nez,
et qui, tous les matins, s'installait ponctuellement à son pupitre sur lequel les merveilleux mille-pattes de la partition se mettaient à évoluer.

III

Les cinq musiciens sont en train de jouer. Je rentre chez moi par de tièdes forêts au sol élastique,

me pelotonne comme un embryon, m'assoupis, roule
dans l'apesanteur de l'avenir, et remarque soudain
que les plantes ont des pensées.

IV

Tant de choses auxquelles nous devons faire confiance
pour parvenir à vivre notre vie quotidienne sans
nous enfoncer en terre!
Faire confiance aux masses de neige qui s'agrippent à
la montagne au-dessus du village.
Faire confiance aux promesses de silence et aux
sourires entendus, être persuadé que les télégrammes
funestes ne nous concernent pas et que le soudain
coup de hache intérieur ne nous frappera pas.
Faire confiance aux essieux qui nous portent sur
l'autoroute, au milieu d'un essaim d'abeilles en acier
trois cents fois agrandies.
Mais rien de tout cela ne mérite, à vrai dire, notre
confiance.
Les cinq musiciens nous disent que nous pouvons faire
confiance à tout autre chose.
À quoi donc? À autre chose, et ils font un bout de
chemin avec nous, vers là-bas.
Comme lorsque la lumière s'éteint dans l'escalier et
que la main suit — confiante — la rampe aveugle
qui se dirige dans le noir.

V

- Nous nous serrons face au piano et nous jouons à quatre mains, en *la* mineur, deux cochers sur la même calèche, et c'est un tantinet ridicule.
- Nos mains semblent pousser des poids sonores, en avant et en arrière, comme si nous déplacions des contrepoids pour tenter de troubler l'inquiétant équilibre du grand fléau de la balance : la souffrance et la joie pèsent tout à fait le même poids.
- Annie disait : «Cette musique est si héroïque», et c'est vrai.
- Mais ceux qui reluquent avec jalousie du côté des hommes d'action, ceux qui, au fond d'eux-mêmes, se méprisent parce qu'ils ne sont pas des meurtriers, ils ne se reconnaissent pas en cela.
- Et ceux qui vendent et achètent les autres et croient que tout le monde s'achète, ils ne se reconnaissent pas en cela.
- Ce n'est guère leur musique. Cette longue mélodie qui reste elle-même, au-delà des métamorphoses, parfois douce et luisante, parfois rude et puissante, trace d'escargot et câble en acier.
- Ce fredonnement obstiné nous accompagne au moment où nous remontons
des profondeurs.

III

LA GALERIE

Je passais la nuit dans un motel au bord de la E3.
Là, dans ma chambre, il y avait une odeur déjà rencontrée auparavant
dans les collections orientales d'un musée :

des masques tibétains, japonais sur un mur clair.

Ce ne sont plus des masques mais des visages

qui traversent le mur blanc de l'oubli
pour respirer, pour poser une question.
Je reste éveillé et je les vois se battre
et disparaître et reparaître.

Certains prêtent leurs traits à d'autres, ils changent de visage
au plus profond de moi, là
où la mémoire et l'oubli font leur maquignonnage.

Ils traversent les retouches de l'oubli,
le mur blanc,
ils disparaissent et reparaissent.

Il y a un deuil ici qu'on ne nomme pas ainsi.

Bienvenue dans les vraies galeries !
Bienvenue dans les vrais galères !
Les vraies grilles !

Le jeune karatéka qui paralysa un homme
continue à rêver d'argent vite gagné.

Et cette femme ne cesse d'acheter des choses
pour les jeter dans la gueule des grands vides
qui rôdent autour d'elle.

Monsieur X n'ose plus quitter son appartement.
Une sombre clôture de personnages équivoques
se dresse entre lui
et l'horizon qui se retire toujours.

Elle qui un jour s'enfuit de Carélie
elle qui savait rire...
elle se montre maintenant
mais muette, pétrifiée, une statue de Sumer.

Comme jadis, lorsque j'avais dix ans et que je rentrais tard.
Dans la cage d'escalier, les lampes s'éteignaient,
mais l'ascenseur où j'étais rayonnait, et l'ascenseur montait
comme une cloche de plongée dans les bas-fonds obscurs
étage par étage, alors que des visages imaginaires
se pressaient contre la grille...

Mais ce ne sont plus des visages imaginaires, ils sont bien là.

Je suis étendu comme une rue de traverse.

Ils émergent nombreux de la brume blanche.
Jadis, nous nous touchions vraiment!

Un long couloir clair aux odeurs de phénol.

Le fauteuil roulant. L'adolescente
qui réapprend à parler après la collision.

Et lui qui essayait de crier sous l'eau
et la masse froide du monde lui entrait
par le nez et par la bouche.

Au microphone, des voix disaient: la vitesse au pouvoir!
La vitesse au pouvoir!
Jouez le jeu. *The show must go on!*

Dans la carrière, nous avançons pas à pas, figés
comme des acteurs du nô
avec des masques, un chant déchirant: c'est Moi, oui c'est Moi!
Le vaincu
est représenté par une couverture roulée.

Un artiste disait: avant, j'étais une planète
avec une atmosphère dense, bien à elle.
Les rayons du dehors s'y brisaient en arcs-en-ciel.

Des orages permanents faisaient rage là-dedans, là-dedans.

Maintenant, je suis éteint et sec et ouvert.
Je n'ai plus à présent l'énergie de l'enfance.
J'ai un côté brûlant et un côté glacé.

Plus d'arcs-en-ciel.

Je passais la nuit dans la maison sonore.
Ils sont nombreux à vouloir traverser les murs,
mais la plupart d'entre eux ne parviennent pas jusque-là :
ils sont submergés par les hurlements blancs de l'oubli.

Un chant anonyme est noyé dans les murs.
Des coups discrets qu'on ne veut pas entendre,
des soupirs prolongés,
mes anciennes répliques qui rampent orphelines.

Écoutez les remords mécaniques de la société,
la voix du grand ventilateur
comme une brise artificielle dans les galeries de la mine
six cents mètres plus bas.

Nos yeux sont grands ouverts sous le bandage.

Si j'arrivais au moins à leur faire sentir
que ces vibrations, là, sous nos pieds,
veulent dire que nous somme sur un pont...

Je dois souvent rester tout à fait immobile.
Je suis le partenaire du lanceur de couteaux !

Les questions que j'ai jetées au loin avec rage
me reviennent en sifflant,

elles ne m'atteignent pas, mais elles clouent ma silhouette
à grands traits,
et restent là quand je m'en suis allé.

Je dois souvent me taire. Volontairement !
Parce qu'on dit et redit toujours le « dernier mot ».
Parce que bonjour et bonsoir…
Parce qu'au jour d'aujourd'hui…
Parce qu'à la fin, les marges
passent par-dessus les berges
et submergent le texte.

Je passais la nuit au motel des somnambules.
Certains visages ici sont désespérés,
d'autres gommés
après leurs pèlerinages au pays de l'oubli.
Ils respirent, disparaissent, se battent pour revenir,
ils passent sans me voir,
ils veulent tous rejoindre l'icône de la justice.

Il arrive, mais rarement
que l'un de nous *voie* vraiment l'autre :

quelqu'un apparaît un instant
comme sur une photographie, mais plus distinctement,
avec, à l'arrière-plan,
quelque chose de plus grand que son ombre.

Il se tient debout devant une montagne.
C'est davantage une coquille d'escargot qu'une montagne.
C'est davantage une maison qu'une coquille d'escargot.
Ce n'est pas une maison, mais cela a beaucoup de chambres.
C'est indistinct mais subjuguant.
Il naît dans cette coquille, et elle naît en lui.
C'est sa vie, c'est son labyrinthe.

IV

DEGRÉS AU-DESSOUS DE ZÉRO

Nous assistons à une fête qui ne nous aime pas. Pour finir, la fête lève le masque et se montre telle qu'elle est: une gare de triage. Des colosses glacés qui, dans la brume, se tiennent sur des rails. Une craie a griffonné sur les murs des wagons.

Il ne faut pas le dire, mais il y a ici tant de violence réprimée. Voilà pourquoi les détails pèsent si lourd. Et qu'il est si difficile de voir ce qu'il y a derrière: un reflet de soleil qui se déplace sur la façade et glisse dans une forêt inconsciente de visages miroitants, une citation biblique qui n'a jamais été écrite: «Viens à moi, puisque je suis aussi contradictoire que toi.»

Demain, je travaillerai dans une autre ville. Je file dans l'heure matinale, cet immense cylindre noir et bleuté. Orion surplombe les terres gelées. Des enfants forment un groupe de silence en attendant le car de ramassage, des enfants pour qui personne ne prie. La lumière pousse doucement, comme notre chevelure.

LE BATEAU - LE VILLAGE

Un bateau de pêche portugais, bleu, l'eau du sillage déroule en partie l'Atlantique.
Un point bleu tout au loin, et je suis pourtant là — les six autres à bord ne remarquent pas que nous sommes sept.

J'ai vu construire ce genre de bateau, il était étendu, comme un grand luth sans cordes
dans la fosse commune : le village où l'on lave et lave avec rage, patience, mélancolie.

La plage noire de monde. Une foule qui se dispersait, on emportait les haut-parleurs.
Les soldats dirigeaient la Mercedes de l'orateur dans la cohue. Les mots tambourinaient sur ses parois métalliques.

MONTAGNES NOIRES

Au virage suivant, l'autocar se détacha de l'ombre froide de la montagne,
tourna le mufle au soleil et rampa vers le col en hurlant.
Nous nous pressions dans l'autocar. Le buste du dictateur était des nôtres,
empaqueté dans du papier-journal. Une bouteille passait d'une bouche à l'autre.
La mort, cette tache de naissance, poussait plus ou moins vite chez chacun d'entre nous.
Et là-haut, dans les montagnes, le bleu de la mer a rattrapé le ciel.

RETOUR

La conversation téléphonique ruisselait dans la nuit et
 scintillait sur les campagnes et les faubourgs.
Puis j'ai mal dormi dans ce lit d'hôtel.
Je ressemblais à l'aiguille de cette boussole que, le
 cœur battant, le coureur de cross porte dans la forêt.

APRÈS UNE LONGUE SÉCHERESSE

L'été est gris en cet instant, soirée étrange.
Furtive la pluie glisse du ciel
et se pose en douceur,
comme s'il lui fallait contenir un dormeur.

Les gouttes d'eau fourmillent à la surface de la baie
et c'est la seule surface qu'il y ait —
le reste n'est que hauteur et profondeur,
monter et redescendre.

Les troncs de deux sapins
jaillissent pour se poursuivre en longs tambours creux.
Loin sont les villes et le soleil.
L'orage est dans les herbes hautes.

On peut téléphoner à l'île des mirages.
On peut entendre la voix de la grisaille.
Le minerai de fer est le miel de l'orage.
On peut vivre avec son code.

COIN DE FORÊT

Quand j'y allai, deux ailes claquèrent affolées, et ce fut tout. On y va seul. C'est un grand édifice composé de fissures, un édifice qui vacille toujours, mais jamais ne s'abat. Le soleil flotte au centuple par les fissures. Dans le jeu des lumières règne une pesanteur inversée : la maison est ancrée dans le ciel, et ce qui tombe, tombe vers le haut. Là-bas, on a le droit de se retourner. Là-bas, on a la permission de porter le deuil. Là-bas, on ose regarder en face certaines vérités anciennes, celles qui d'ordinaire restent emmitouflées. Mes rôles des bas-fonds, là-bas, remontent à la surface, ils pendent comme ces crânes desséchés dans la case des ancêtres, sur une île perdue de Mélanésie. Une lueur enfantine sur ces affreux trophées. Si douce est la forêt.

FUNCHAL

Le restaurant de poisson sur la plage, une modeste baraque dressée par des naufragés. Ils sont nombreux à faire demi-tour sur le pas de la porte, hormis les coups de vent venus de l'océan. Une ombre se tient dans un réduit fumant et fait griller deux poissons selon une antique recette de l'Atlantide, de petites explosions d'ail, l'huile coule sur les tomates en tranches. Chaque bouchée nous dit que l'océan nous veut du bien, une berceuse des bas-fonds.

Elle et moi, nous nous regardons dans les yeux. Comme si l'on gravissait des talus sauvagement fleuris sans ressentir la moindre fatigue. Nous sommes du côté de la bête, bienvenus, nous ne vieillissons pas. Nous avons pourtant vécu tant de choses ensemble, nous nous en souvenons, et aussi de ces heures où nous ne valions pas grand-chose (quand, par exemple, nous faisions la queue pour donner notre sang au colosse bien portant — il avait ordonné une transfusion), des situations qui auraient dû nous séparer si elles ne nous avaient rapprochés, et des situations que nous avons oubliées ensemble — mais elles ne nous ont pas oubliés! Elles se sont muées en pierres claires et obscures. Pierres éparpillées d'une mosaïque. Et voilà ce qui arrive: les fragments se rejoignent dans les airs, la mosaïque se reforme. Elle nous attend. Elle luit sur le mur de la chambre d'hôtel, un design délicat et violent, un visage peut-être, nous n'arrivons pas à tout saisir quand nous nous déshabillons l'un l'autre.

Nous sortons à la nuit tombante. L'énorme patte bleu foncé du cap s'étend là, comme lancée dans l'océan. Nous entrons dans le tourbillon humain, on nous bouscule aimablement, doux contrôles, tout le monde parle avec ardeur cette langue étrangère. «Personne n'est une île.» Nous gagnons en force grâce à *eux*, mais aussi grâce à nous-mêmes. À ce qu'en nous les autres ne peuvent voir. À ce qui ne peut que se rejoindre. L'ultime paradoxe, une fleur de garage, la soupape à la bienveillante obscurité. Une boisson qui pétille dans des verres vides. Un haut-parleur qui diffuse du silence. Un sentier qui se referme derrière chaque pas. Un livre qu'on ne peut lire que dans l'obscurité.

LA PLACE SAUVAGE

DET VILDA TORGET

1983

I

COURTE PAUSE DURANT
LE CONCERT D'ORGUE

L'orgue s'arrête de jouer et un silence de mort s'installe
  dans l'église
mais pour quelques secondes seulement.
Pénètre alors le doux bourdonnement du trafic
extérieur, le grand orgue.

Nous voilà encerclés par les murmures de la circulation
  qui se promènent
le long des murs de la cathédrale.
Où le monde extérieur glisse, tel un film translucide
dans un combat d'ombres en pianissimo.

Comme s'il appartenait aux bruits de la rue, j'entends
un de mes pouls battre dans le silence,
j'entends mon sang tourner, cette cascade qui se cache
en moi et m'accompagne toujours,

et tout aussi proche que mon sang et aussi lointain
qu'un souvenir du temps de mes quatre ans,
j'entends passer un semi-remorque qui fait trembler
les murs six-centenaires.

Tout cela est aussi éloigné que peut l'être le sein
d'une mère, pourtant je suis cet enfant
qui très loin entend parler les adultes, les voix des
  vainqueurs
et des perdants qui s'entremêlent.

Une congrégation clairsemée occupe les bancs bleus.
  Et les colonnes
se dressent tels des arbres étranges :
sans racines (seulement ce sol commun) ni
crêtes (seulement ce toit commun).

Je revis un rêve. Je me retrouve seul dans
un cimetière. La bruyère luit partout,
aussi loin que porte le regard. Qui est-ce que j'attends ?
  Un ami. Pourquoi
ne vient-il pas ? Parce qu'il est déjà là.

Doucement, la mort fait remonter la lumière par le
  bas, par le
sol. La lande brille d'une couleur lilas de plus en plus
  intense
— non, d'une couleur jamais vue jusque-là... jusqu'à
  ce que les lueurs
blêmes de l'aube viennent siffler entre mes paupières

et que je me réveille à cet immuable PEUT-ÊTRE qui
me transporte dans un monde chancelant.
Et les images abstraites de l'univers sont aussi
  impossibles que l'est
le dessin d'une tempête.

Chez moi, l'omnisciente Encyclopédie occupe un mètre
linéaire de bibliothèque : j'y ai appris à lire.
Mais chacun se fait rédiger son encyclopédie,
elle grandit dans nos âmes,

elle s'écrit de la naissance à la mort, des centaines
de milliers de pages pressées l'une contre l'autre,
mais entre elles, il y a toujours de l'air ! Comme dans le
   feuillage frémissant
des forêts. Le livre des contradictions.

Ce qui y est écrit change à chaque instant, les images
se retouchent toutes seules, les mots scintillent.
Une lame de fond roule à travers le texte, suivie de
la prochaine et d'une autre encore...

EN MARS - 79

Las de tous ceux qui viennent avec des mots, des mots
    mais pas de langage,
je partis pour l'île recouverte de neige.
L'indomptable n'a pas de mots.
Ses pages blanches s'étalent dans tous les sens!
Je tombe sur les traces de pattes d'un cerf dans la
    neige.
Pas des mots, mais un langage.

LES SOUVENIRS M'OBSERVENT

Un matin de juin, alors qu'il est trop tôt
pour s'éveiller et trop tard pour se rendormir.

Je dois sortir dans la verdure saturée
de souvenirs, et ils me suivent des yeux.

Ils restent invisibles, ils se fondent
dans l'ensemble, parfaits caméléons.

Ils sont si près que j'entends leur haleine,
bien que le chant des oiseaux soit assourdissant.

LES REGARDS DE L'HIVER

Je penche comme une échelle et j'entre
avec le visage au premier étage du cerisier.
Me voici dans l'horloge des couleurs où tinte le soleil.
J'en ai fini de ses fruits noirs plus vite que quatre pies.

Quand soudain, et de loin, le froid vient me heurter.
L'instant noircit
et persiste, telle la marque d'une hache dans le tronc.

Dès maintenant, il se fait tard. Nous partons presque en courant,
hors de portée du regard, dans l'antique système du cloaque.
Ces tunnels. Où nous déambulons des mois durant,
à moitié en service, et à moitié en fuite.

Court instant de ferveur quand, au-dessus de nous, on ouvre une lucarne
et que tombe une pâle lumière.
Nous levons le regard : le ciel étoilé par la grille des égouts.

LA GARE

Le train est entré en gare. Il aligne ici toutes ses
  voitures,
mais pas une porte ne s'ouvre, personne ne monte ni ne
  descend.
D'ailleurs, y a-t-il des portes ? Dedans, le grouillement
de gens séquestrés qui vont et puis qui viennent.
Ils regardent hagards par les fenêtres bloquées.
Et dehors, un homme longe le train, avec une masse.
Il cogne sur les roues, un tintement léger. Si ce n'est
  ici !
Ici le son grossit de façon incroyable : un coup de
  tonnerre,
le son des cloches d'une cathédrale, ou d'un
  transatlantique
qui soulève tout le train et les pierres mouillées de la
  contrée.
Tout chante. Vous vous en souviendrez. Poursuivez le
  voyage !

II

RÉPONDRE AUX LETTRES

Dans le tiroir inférieur de la commode, je retrouve une lettre arrivée ici, une première fois, voilà vingt-six ans. Une lettre affolée, qui respire encore quand elle arrive pour la seconde fois.

Une maison a cinq fenêtres : par quatre d'entre elles, le jour brille avec calme et félicité. La cinquième fait face à un ciel noir, à l'orage et à la tempête. Je suis à la cinquième fenêtre. La lettre.

Parfois il existe un abîme entre le mardi et le mercredi, mais vingt-six ans peuvent défiler en un instant. Le temps n'est pas une distance en ligne droite, mais plutôt un labyrinthe, et quand on s'appuie au mur, au bon endroit, on peut entendre des pas précipités et des voix, on peut s'entendre passer, là, de l'autre côté.

Cette lettre n'a-t-elle jamais eu de réponse ? Je n'en sais plus rien, *c'était* il y a si longtemps déjà. Les innombrables seuils de l'océan ont poursuivi leur marche. Le cœur a continué à bondir, de seconde en seconde, comme un crapaud dans l'herbe humide d'une nuit d'août.

Les lettres sans réponse s'amassent tout là-haut, comme les cirrostratus qui annoncent la tourmente. Elles ternissent les rayons du soleil. Je répondrai un jour. Un jour, lorsque je serai mort et que j'arriverai enfin à me concentrer. Ou du moins assez loin d'ici pour arriver à me retrouver. Quand je viens d'atterrir dans la grande ville et quand je longe la 125ᵉ Rue, dans le vent qui balaie la rue des ordures en fête. Moi qui aime tant flâner et me perdre dans la foule, un T majuscule dans la masse du texte sans fin.

OURAGAN D'ISLANDE

Pas un tremblement de terre, mais des secousses célestes. Turner aurait pu les peindre, une fois amarré. Un gant solitaire venait de passer, en virevoltant, à des kilomètres de sa main. Je peux me frayer un chemin dans ce vent contraire, jusqu'à cette maison de l'autre côté du champ. J'ondoie dans l'ouragan. Je passe aux rayons X, le squelette remet sa lettre de démission. La panique augmente, alors que je louvoie, que je chavire, je chavire et je me noie sur la terre ferme! Que cela pèse lourd, tout ce que soudain je dois porter, qu'il est pénible pour un papillon de remorquer une péniche! Enfin arrivé. Un dernier corps-à-corps avec la porte. Et dedans maintenant. Dedans maintenant. Derrière la grande baie vitrée. Quelle curieuse et grandiose invention que le verre — de pouvoir être tout près, sans être concerné... Dehors, une horde de sprinters diaphanes s'élance, en grand format, sur la plaine volcanique. Mais je n'ondoie plus. Je suis assis derrière le verre, immobile, comme mon propre portrait.

ANÉMONES

Se faire ensorceler — il n'y a rien de plus simple. C'est un des plus vieux trucs du printemps et de la terre : les anémones. Qui sont inattendues, d'une certaine manière. Elles surgissent des frémissements brunis de l'année écoulée, en des lieux négligés où sinon le regard ne s'arrêterait jamais. Elles flambent et elles planent, oui, c'est ça, elles planent, ce qui est dû à la couleur. Cette ardente teinte violacée qui n'a plus de poids à présent. Car ici, c'est l'extase, même si elle est assourdie. « La carrière » — chose déplacée ! « Le pouvoir » et « la publicité » — choses ridicules ! Certes, ils avaient arrangé une grande réception, là-haut à Ninive, fait ripaille et moult ribotes. Rutilants — au-dessus des têtes, les lustres en cristal flottaient, tels des vautours de verre. À la place d'une pareille impasse, encombrée et bruyante, les anémones ouvrent un couloir secret vers une fête authentique, d'un silence absolu.

LA MAISON BLEUE

Par une nuit de soleil éclatant. Je suis dans la forêt touffue et regarde ma maison aux murs couleur de brume. C'est comme si j'étais mort récemment et que je la regardais sous un angle nouveau.

Elle est là depuis plus de quatre-vingts étés déjà. Son bois est imprégné de quatre couches de joie et trois couches de douleur. Quand celui qui l'a habitée meurt, on repeint la maison. Le mort la peint lui-même, sans pinceau, du dedans.

De l'autre côté, il y a un terrain découvert. Un ancien jardin, aujourd'hui à l'abandon. Des brisants immobiles d'herbes folles, des pagodes d'herbes folles, un texte qui jaillit, des Upaniṣad d'herbes folles, une flotte viking, des têtes de dragons, des lances, un empire d'herbes folles!

Au-dessus du jardin abandonné voltige l'ombre d'un boomerang, lancé encore et encore. Il est relié à quelqu'un qui a vécu dans la maison, bien avant mon époque. Presque un enfant. Une impulsion en émane, une pensée, une résolution: «créer... dessiner...» pour pouvoir échapper à son destin.

La maison ressemble à un dessin d'enfant. Une candeur intérimaire, apparue parce que quelqu'un s'est bien trop tôt défait du mandat de l'enfance. Ouvrez la porte et entrez! Ici, dans la maison, l'agitation règne sous le toit et la paix dans les murs. Le tableau d'un peintre amateur est accroché au-dessus du lit: il représente un bateau de dix-sept voiles, des crêtes de vagues qui moussent et un vent que le cadre doré ne parvient pas à contenir.

C'est toujours aussi tôt ici, c'est avant la croisée des chemins, avant les décisions irrévocables. Merci pour cette vie! Je manque pourtant d'alternatives. Toutes mes esquisses veulent devenir réalité.

Au loin, sur l'eau, un moteur étire l'horizon de cette nuit d'été. La douleur et la joie se dilatent ensemble, sous le verre grossissant de la rosée. En fait, nous ne savons pas, mais nous pressentons qu'il existe un bateau jumeau de notre vie, qui suit un tout autre cours. Alors que le soleil flambe derrière les îles.

III

L'ŒIL DU SATELLITE

Le sol est rugueux. Pas de miroirs.
Seuls les esprits les plus grossiers
savent s'y refléter : la Lune
et l'ère glaciaire.

Entrez donc dans les brumes du dragon !
Des nuages lourds, des rues qui grouillent.
Une pluie d'âmes frémissantes.
Des cours de caserne.

MILLE NEUF CENT QUATRE-VINGT

Son regard avance par saccades sur la page du journal.
Surgissent des sentiments, si glacés qu'ils passent pour
   des pensées.
Ce n'est que dans l'hypnose qu'il devenait son double,
sa sœur cachée, cette femme qui marche avec les cent
   mille autres
en criant «Mort au Shah!» — bien qu'il soit déjà mort —
une tente noire qui défile, avec haine et ferveur.
Djihâd! Eux qui ne se verront jamais et prennent en
   main le monde.

SOMBRES CARTES POSTALES

I

L'agenda est rempli, l'avenir incertain.
Le câble fredonne un refrain apatride.
Chutes de neige dans l'océan de plomb. Des ombres
  se battent sur le quai.

II

Il arrive au milieu de la vie que la mort vienne
prendre nos mesures. Cette visite
s'oublie et la vie continue. Mais le costume
  se coud à notre insu.

LES RATURES DU FEU

Durant ces mois obscurs, ma vie n'a scintillé que lorsque je faisais l'amour avec toi.
Comme la luciole qui s'allume et s'éteint, s'allume et s'éteint — nous pouvons par instants suivre son chemin
dans la nuit parmi les oliviers.

Durant ces mois obscurs, ma vie est restée affalée et inerte
alors que mon corps s'en allait droit vers toi.
La nuit, le ciel hurlait.
En cachette, nous tirions le lait du cosmos, pour survivre.

BIEN DES PAS

Les icônes furent couchées en terre, face vers le ciel,
et la terre fut tassée
par des roues, des souliers, par des centaines de pas,
les pas pesants de milliers d'incrédules.

Je descendis en rêve dans un bassin souterrain,
   fluorescent,
une messe tumultueuse.
Quel immense désir! Quel stupide espoir!
Et là-haut, le piétinement de millions d'incrédules.

POSTLUDIUM

Je racle comme une drague sur le fond de la terre.
Ne s'accrochent que des choses dont je n'ai nul besoin.
Indignation lassée, résignation ardente.
Les bourreaux emportent les rochers. Dieu écrit sur le
  sable.

Chambres calmes.
Les meubles sont prêts à l'envol dans la clarté lunaire.
Doucement j'entre en moi
par une forêt d'armures creuses.

IV

SÉMINAIRE DU RÊVE

Quatre milliards d'hommes sur terre.
Et ils dorment tous, rêvent tous.
Dans chaque rêve se pressent des visages et des corps —
les gens que nous rêvons sont plus nombreux que nous.
Mais ils ne prennent pas de place...
Il nous arrive de nous endormir au théâtre.
Les paupières se ferment au milieu de la pièce.
Un court instant de double exposition : la scène
devant nous que déborde le rêve.
Puis il n'y a plus de scène, elle est en nous.
Le théâtre dans d'honnêtes profondeurs !
Le mystère du directeur de théâtre
harassé !
La perpétuelle étude de pièces nouvelles...
Une chambre à coucher. La nuit.
Le ciel obscur ruisselle dans la chambre.
Le livre sur lequel quelqu'un s'est endormi
est encore ouvert
et repose blessé sur la bordure du lit.
Les yeux du dormeur s'agitent,
ils suivent un texte sans alphabet
dans cet autre livre —

illuminé, archaïque et soudain.
Une commedia vertigineuse qui s'inscrit
entre les murs du cloître des paupières.
Un unique exemplaire. Disponible désormais!
Et tout cela sera effacé demain.
Les mystères de l'immense gaspillage!
L'anéantissement... Comme lorsque méfiants
des hommes en uniforme interpellent un touriste —
ils ouvrent l'appareil, déroulent la pellicule
et laissent le soleil détruire les images :
les rêves sont ainsi assombris par le jour.
Anéantis ou tout juste invisibles?
Il existe des rêves hors-de-portée-de-l'œil
qui jamais ne s'arrêtent. Une lumière pour d'autres yeux.
Une zone où les pensées reptiles apprennent à marcher.
Silhouettes et visages se disposent autrement.
Nous avançons dans une rue, parmi des gens,
en plein soleil.
Mais il y en a autant ou peut-être plus encore
que nous ne voyons pas,
à l'intérieur de ces bâtiments obscurs
qui se dressent de part et d'autre.
Parfois l'un d'entre eux vient à la fenêtre
pour jeter un regard sur nous, là en bas.

PALIMPSESTE

Les hommes des notes en bas de page, et pas ceux des grands titres. Je suis dans ce long corridor
qui devrait être obscur
si ma main droite ne luisait comme une lampe de poche.
La lumière tombe sur quelque chose d'écrit au mur
et que je vois
comme le plongeur discerne le nom de l'épave qui scintille devant lui dans les profondeurs du courant :
ADAM ILEBORGH 1448. Qui cela ?
Celui qui amena l'orgue à écarter ses ailes grossières et à s'élever
arrivait à planer pendant près d'une minute.
Quelle réussite !
C'est écrit au mur : MAYONE, DAUTHENDEY,
KAMINSKI... La lumière tombe sur un nom après l'autre.
Les murs sont couverts de graffitis.
Ce sont des noms d'artistes pour ainsi dire effacés
des gens des bas de page, ceux qu'on ne joue plus, à moitié oubliés, les immortels inconnus.

Un instant, on a l'impression que tous à la fois ils murmurent leur nom —
murmures ajoutés aux murmures d'une mer démontée qui déferle dans le corridor
sans renverser personne.
Ce n'est d'ailleurs plus un couloir.
Ni un lieu de sépulture, ni une place de marché, mais un mélange des deux.
C'est même une serre
où il y a des quantités d'oxygène.
Les morts des bas de page y respirent à pleins poumons, ils font partie comme avant de l'écosystème.
Mais ils échappent à tant de choses !
Ils échappent à la morale du pouvoir,
ils échappent au jeu quadrillé en noir et blanc, où l'odeur des charniers est la seule qui persiste.
On les réhabilite.
Et ceux qui ne peuvent plus recevoir
n'ont jamais cessé de donner.
Ils ont déroulé un morceau de haute lice mélancolique et rayonnante
puis ils l'ont lâchée.
Certains sont anonymes, ce sont mes amis
mais je ne les connais pas : ils ressemblent à ces personnages de pierre
sculptée sur les dalles funéraires des vieilles églises.
Des reliefs sévères et doux que nous effleurons, des noms et des silhouettes
enfoncés dans le sol de pierre, sur le point de disparaître.
Mais ceux qui veulent vraiment être rayés de la liste...
Ils ne restent pas à proximité des notes en bas de page,
ils entrent dans la carrière qui les mène vers le bas et s'achève dans la paix et l'oubli.

L'oubli absolu. C'est le genre d'épreuve
que l'on passe en silence : franchir la frontière sans que
personne ne le remarque...

CARILLON

Madame méprise ses clients parce qu'ils veulent loger dans son hôtel crasseux.
J'ai la chambre du coin au deuxième étage : un mauvais lit, une ampoule au plafond.
Et chose curieuse, de lourdes draperies où parade un quart de million de mites invisibles.

Dehors une rue piétonnière
avec des touristes flâneurs, des écoliers pressés, des hommes en bleu de travail qui poussent des vélos cliquetants.
Ceux qui croient qu'ils font tourner le monde et ceux qui croient qu'ils tournent, impuissants, sous l'emprise du monde.
Une rue que nous empruntons tous, mais pour où donc nous mener ?

La seule fenêtre de la chambre s'ouvre sur autre chose : La Place Sauvage,
un terrain en ébullition, une immense surface frissonnante, parfois noire de monde, et parfois désertée.

Ce que je porte en moi se matérialise ici, toute mon
angoisse, tous mes espoirs.
Toutes ces choses impensables qui arriveront pourtant.

Mes rivages sont bas, si la mort montait de vingt
centimètres, je serais submergé.

Je suis Maximilien. En l'an 1488. On me tient enfermé
ici à Bruges
parce que mes ennemis sont indécis —
ce sont de méchants idéalistes, et je ne peux décrire ce
qu'ils ont fait dans l'arrière-cour de l'horreur, ne
peux changer le sang en encre.

Je suis aussi cet homme en bleu de chauffe qui tire son
vélo cliquetant, là en bas, dans la rue.

Je suis aussi celui qu'on voit, le touriste qui marche et
puis s'arrête, marche et puis s'arrête
et qui laisse errer le regard sur les visages blafards
brûlés par la lune et les tentures houleuses des
vieilles peintures.

Personne ne décide où je vais, et encore moins moi-
même, mais chaque pas se fait là où il faut.
Pouvoir se promener dans des guerres fossiles où tous
sont invulnérables parce que déjà morts!

Les masses de feuilles poussiéreuses, les remparts avec
leurs meurtrières, les allées des jardins où des larmes
pétrifiées craquent sous les talons...

Aussi inattendues que si j'avais trébuché sur un fil en acier, les cloches se sont mises à sonner dans la tour anonyme.
Carillon! Le sac éclate aux coutures et les accords roulent sur la Flandre.
Carillon! Fonte roucoulante des cloches, psaume et rengaine, tout en un, qui s'inscrit en tremblant dans les airs.
Le docteur aux mains tremblantes rédige une ordonnance que personne ne peut déchiffrer, on reconnaît pourtant l'écriture...

Sur les toits et les places, sur l'herbe et le blé,
aux morts et aux vivants les cloches ont sonné.
Infimes différences du Christ à l'Antéchrist!
Les cloches finalement nous ramènent sur la piste.

Elles se sont tues.

Je suis revenu dans ma chambre d'hôtel: le lit, la lampe, les draperies. On entend des bruits curieux d'ici, la cave lentement remonte l'escalier.

Je suis couché sur mon lit les bras en croix.
Je suis une ancre confortablement enfouie qui retient l'ombre profonde au-dessus d'elle,
cette grande inconnue dont je participe et qui est certainement plus importante que moi.

Dehors passe la rue piétonnière, cette rue où mes pas se meurent, comme ce que j'écris, ma préface au silence, mon psaume retroussé.

MOLOKAI

Nous sommes au bord de la falaise et, plus bas, les toits de la léproserie luisent dans le vide.
Nous arriverons bien à descendre, mais nous n'aurons jamais le temps de remonter les falaises avant la nuit.
Aussi nous revenons par la forêt, avançons parmi des arbres aux longues aiguilles bleues.
Quel silence ici! un silence comme si l'épervier allait venir.
C'est une forêt qui pardonne tout, mais pourtant n'oublie rien.
Damien, par amour, avait choisi la vie et l'oubli. On lui donna les honneurs et la mort.
Mais nous voyons ces événements du mauvais côté: un tas de cailloux au lieu de la tête du sphinx.

POUR LES VIVANTS ET LES MORTS

FÖR LEVANDE OCH DÖDA

1989

LE CAPITAINE OUBLIÉ

Nous avons bien des ombres. Je rentrais chez moi
dans la nuit de septembre lorsque Y
sortit de la tombe après quarante années
pour m'accompagner.

D'abord ce fut un vide, uniquement un nom
mais ses pensées nageaient
plus vite que le temps ne s'écoulait
puis elles vinrent nous rejoindre.

Je posai ses yeux sur les miens
et j'y vis l'océan de la guerre.
Le dernier bateau qu'il commanda
s'était mis à grandir sous nos pieds.

Devant et derrière les bâtiments du convoi de l'Atlantique
    rampaient
ceux qui devaient survivre
et ceux qui avaient reçu l'Estampille
(invisible pour tous)

alors que se relayaient des jours sans sommeil
sans jamais lui accorder de trêve —
le gilet de sauvetage se trouvait sous le ciré.
Y n'est jamais rentré.

C'est un sanglot intérieur qui provoqua l'hémorragie
dans un hôpital de Cardiff.
Il put enfin s'étendre
et se muer en horizon.

Adieu, ô convois de onze nœuds! Adieu, 1940!
L'histoire du monde prend fin ici.
Les bombardiers restèrent en suspens.
Et les landes fleurirent.

Une photo du début du siècle nous montre une plage.
Où s'alignent six garçons endimanchés.
Ils ont tous un bateau à voile dans les bras.
Quelles mines sérieuses!

Des bateaux symboles de vie et de mort pour certains
    d'entre eux.
Et écrire sur les morts
c'est aussi un jeu, appesanti
par ce qui va advenir.

SIX HIVERS

1

Dans l'hôtel noir un enfant dort.
Et tout autour : la nuit d'hiver
où roulent les dés aux yeux écarquillés.

2

Une élite de morts pétrifiée
au cimetière Sainte-Catherine
où le vent frissonne dans son armure thuléenne.

3

Un hiver de cette guerre où j'étais au lit malade
un incroyable glaçon s'allongeait devant la fenêtre.
Voisin et harpon, souvenir inexpliqué.

4

Glace accrochée au bord du toit.
Glaçons : le gothique renversé.
Abstraits bestiaux, mamelles de verre.

5

Sur une voie de garage un wagon vide.
Immobile. Héraldique.
Des voyages entre les griffes.

6

Ce soir rideau de neige, clair de lune. La méduse lunaire
   qui
plane devant nous. Nos sourires
sur le chemin du retour. Allée ensorcelée.

LE ROSSIGNOL DE BADELUNDA

Minuit verdoyante, à la frontière nord des rossignols. Des feuilles lourdes pendent en transe, les automobiles se jettent assourdies sur la ligne des néons. La voix du rossignol ne s'élève jamais par le côté, elle est aussi perçante que le chant du coq, mais belle, et jamais vaniteuse. J'étais en prison et elle est venue me voir. J'étais malade et elle est venue me voir. Mais je ne la remarquais pas alors. Le temps s'écoule du soleil et de la lune et pénètre tous les tic-tac tic-tac des horloges tacticiennes. Mais ici, le temps a cessé d'être. Seule la voix du rossignol, ces tons à la résonance crue qui affûtent la faux lumineuse du ciel de la nuit.

ALCAÏQUE

Une forêt en mai. Que ma vie entière hante, cet
 invisible camion de déménagement. Chant d'oiseaux.
  En mares muettes l'interrogation furieusement
   dansante des larves de moustiques.

Je fuis vers les mêmes lieux, les mêmes mots.
 Froide brise de la mer, le dragon de glace me lèche
  la nuque alors que darde le soleil.
   Le camion flambe en flammes fraîches.

BERCEUSE

Je suis une momie qui dort dans le cercueil outremer des forêts, dans un murmure constant de moteurs, de caoutchouc et d'asphalte.

Ce qui eut lieu le jour s'abîme, les leçons pèsent plus que la vie.

La brouette s'approcha sur son unique roue, et moi, j'arrivai sur mon esprit toupie, mais les pensées ont cessé de tourner et la brouette s'est vu pousser des ailes.

Longtemps après que le ciel ait noirci, un avion viendra, les passagers verront sous eux les villes scintiller comme le trésor des Goths.

RUES DE SHANGHAI

1

Ils sont nombreux dans le parc à lire le papillon blanc.
J'aime ce papillon comme un coin de vérité qui volette
   au vent !

À l'aube, les masses humaines font démarrer notre
   planète silencieuse au pas de course.
Le parc s'emplit de gens. À chacun huit visages polis
   comme le jade, pour toutes les situations, pour
   éviter toute erreur.
À chacun aussi ce visage invisible reflétant « ce dont
   on ne parle pas ».
Ce qui remonte dans les moments de fatigue, aussi
   amer qu'une gorgée d'eau-de-vie de serpent à
   l'arrière-goût écaillé et persistant.
Les carpes de l'étang se déplacent sans cesse, elles
   nagent en dormant, sont un modèle pour le croyant :
   toujours en mouvement.

2

C'est la mi-journée. Le linge lavé ondule au vent gris
 de la mer bien au-dessus des cyclistes
qui viennent en essaims serrés. Avez-vous vu les
 dédales latéraux ?
Je suis entouré de caractères d'une écriture que je ne
 peux déchiffrer, je suis parfaitement analphabète.
Mais j'ai payé ce que je devais et on m'a toujours
 donné une quittance.
J'ai amassé tant de quittances illisibles.
Je suis un vieil arbre dont les feuilles fanées sont
 restées accrochées et n'arrivent à tomber par terre.

Et un souffle venu de l'océan fait bruire mes
 quittances.

3

À l'aube, notre planète silencieuse démarre sous le pas
 des masses humaines.
Nous sommes tous à bord de la rue, on s'y bouscule
 comme sur le pont d'un bac.
Où allons-nous ? Les tasses à thé suffiront-elles ? Nous
 devons nous estimer heureux d'avoir eu le temps
 d'embarquer !
Nous sommes à mille ans de la naissance des
 claustrophobes.

Derrière ceux qui avancent, plane une croix qui cherche à nous rejoindre, nous dépasser, s'unir à nous.
Quelque chose qui voudrait s'approcher par surprise, nous couvrir les yeux des deux mains et murmurer «Devine qui c'est!»

Nous semblons presque heureux au soleil, alors que nous saignons de ces blessures dont nous ignorons tout.

AU CŒUR DE L'EUROPE

Moi, coque noire flottant entre deux portes d'écluse
je repose sur ce lit d'hôtel, alors qu'autour la ville s'éveille.
Un doux vacarme et le jour gris entrent au goutte-à-goutte
et me hissent peu à peu jusqu'au prochain niveau : le matin.

Horizon sur table d'écoute. Ils veulent nous parler, les morts.
Ils fument mais ne mangent pas, ils ne respirent pas mais ont encore leur voix.
Je vais aller courir comme l'un d'eux par les rues.
La cathédrale noircie, lourde comme une lune, fait le flux le reflux.

FEUILLE VOLANTE

Une fureur silencieuse griffonne dans le mur.
Arbres fruitiers en fleur, et l'appel du coucou.
C'est la narcose du printemps. Mais la fureur silencieuse
dessine à rebours ses slogans dans le garage.

Nous voyons tout et rien mais pointés comme des périscopes
que manipule le timide équipage de l'enfer.
C'est la guerre des minutes. Un soleil torride
domine l'hôpital, parking de la douleur.

Nos autres clous vivants enfoncés dans la masse !
Un jour, nous nous détacherons de tout.
Nous sentirons le vent de la mort sous nos ailes
et deviendrons plus doux et plus fous qu'aujourd'hui.

LES INTÉRIEURS SONT INFINIS

C'est au printemps 1827. Beethoven
hisse son masque de mort et fait voile vers le large.

Les moulins de l'Europe broient le vent.
Les oies sauvages font route vers le nord.

Ici c'est le nord, c'est Stockholm
palais flottant et masures.

Dans la braise royale, les bûches
s'écroulent du garde-à-vous au repos.

C'est l'ère de la paix, des vaccins et des pommes de
   terre
mais les puits de la ville respirent lourdement.

Les latrines en chaise portée comme des pachas
s'en vont la nuit par le Pont du Nord.

Sur les pavés trébuchent
les donzelles, les trimardeurs, les beaux messieurs.

L'enseigne du Maure qui Fume
garde implacablement le silence.

Si nombreuses les îles, si nombreux les rameurs
aux gestes invisibles contre le courant!

Les chenaux s'entrouvrent, avril mai
et le doux mois de juin dégoulinant de miel.

La chaleur accoste sur les îles les plus lointaines.
Les portes du village sont ouvertes, à une exception
   près.

Les aiguilles de l'horloge serpentine lapent le silence.
Les dalles luisent de la patience de la géologie.

Cela s'est passé ainsi, ou presque.
C'est une sombre histoire de famille

autour d'Erik, brisé par un tour de rein
mutilé par une balle au fond de l'âme.

Il partit pour la ville, y rencontra l'ennemi
et s'en revint malade et blanc.

Cet été-là, on le déclare perdu:
aux murs les outils se lamentent.

Il reste éveillé, la nuit il entend
le papillonnement laineux des amis du clair de lune.

Ses forces s'épuisent, il cogne vainement
à des lendemains bardés de fer.

Et le Dieu des ténèbres lui crie du fond du gouffre :
« Délivre-moi ! Délivre-toi aussi ! »

Tout acte de surface se tourne vers le dedans.
On le met en morceaux et on le réassemble.

Le vent fraîchit et les églantiers
s'agrippent à la lumière qui fuit.

L'avenir se dévoile, il regarde dans
le kaléidoscope qui tourne sur lui-même

voit voleter des visages indistincts
qui appartiennent aux générations à venir.

Son regard me touche par mégarde
quand je me promène précisément ici

à Washington, entre ces puissantes maisons
où ne tient seulement qu'une colonne sur deux.

De blanches constructions du style crématoire
où les rêves des pauvres se changent en poussière.

La pente douce se met à descendre
et insensiblement se mue en précipice.

VERMEER

Pas un univers préservé... De l'autre côté du mur, le bruit commence,
la taverne commence,
on rit, on se dispute, rangées de dents, larmes, fracas des pendules
et le beau-frère dérangé, ce messager de mort qui les fait tous trembler.

La grande explosion et les pas tardifs des sauveteurs
les bateaux qui se pavanent dans la rade, l'argent qui glisse dans la poche du coquin
les contraintes qui s'ajoutent aux contraintes
le calice de fleurs rouges béantes d'où transpire l'intuition d'une guerre.

Passer au travers du mur dans l'atelier éclatant
à la seconde qu'on a autorisée à durer des siècles.
Des toiles qui s'intitulent *La Leçon de musique*
ou *Femme en bleu lisant une lettre* —
elle en est au huitième mois, deux cœurs s'agitent en elle.
Derrière, sur le mur, pend une carte froissée de la Terra Incognita.

Respirer avec calme... Une mystérieuse matière bleue
 a été clouée aux sièges.
Les rivets dorés sont entrés au vol, à une vitesse inouïe,
pour s'arrêter net,
comme s'ils avaient toujours été au repos.

Les oreilles bourdonnent à force de profondeur ou
 d'altitude.
C'est la pression venue de l'autre côté du mur
qui amène les réalités à se dissoudre
et affermit le pinceau.

Passer les murs est une chose douloureuse, on en
 tombe
malade mais c'est indispensable.
Le monde est un. Quant aux murs...
Et les murs sont une part de toi —
on le sait ou on l'ignore, mais c'est ainsi pour tout le
 monde,
sauf les petits enfants. Pour eux, pas de murs.

Le ciel éclatant s'incline contre la muraille.
C'est comme une prière qu'on adresse au vide.
Et le vide tourne son visage vers nous
et murmure :
« Je ne suis pas vide, je suis ouvert. »

VOÛTES ROMANES

Au milieu de l'immense église romane, les touristes se pressaient dans la pénombre.
Une voûte s'ouvrait sur une voûte, et aucune vue d'ensemble.
La flamme de quelques cierges tremblotait çà et là.
Un ange sans visage m'enlaça
et me murmura par tout le corps :
« N'aie pas honte d'être homme, sois-en fier !
Car en toi, une voûte s'ouvre sur une voûte, jusqu'à l'infini.
Jamais tu ne seras parfait, et c'est très bien ainsi. »
Aveuglé par mes larmes,
je fus poussé sur la piazza qui bouillait de lumière
en même temps que Mr et Mrs Jones, Monsieur Tanaka et la Signora Sabatini
et en eux, une voûte s'ouvrait sur une voûte, jusqu'à l'infini.

ÉPIGRAMME

Les bâtiments du capital, les alvéoles des abeilles africaines, du miel pour la fine fleur. C'est là qu'il avait accepté de servir. Pourtant, dans un tunnel obscur, il déployait ses ailes et s'envolait quand personne ne le regardait. Il devait vivre sa vie.

PORTRAIT DE FEMME —
XIXe SIÈCLE

La voix étouffe sous la robe. Le regard
accompagne le gladiateur. Puis elle est
dans l'arène, elle aussi. Serait-elle libre ? Un cadre en or
enserre le tableau.

SUJETS MÉDIÉVAUX

Sous nos mimiques enchanteresses, le crâne
guette toujours, la tête du joueur de poker. Tandis que
le soleil doucement roule dans le ciel.
        Le jeu d'échecs se poursuit.

Les ciseaux du coiffeur qui cliquettent dans les fourrés.
Le soleil doucement roule au firmament.
La partie d'échecs s'arrête en remis. Dans
        les silences de l'arc-en-ciel.

AIR MAIL

À la recherche d'une boîte aux lettres
je portais l'enveloppe par la ville.
Ce papillon égaré voletait
dans l'immense forêt de pierre et de béton.

Le tapis volant du timbre-poste
les lettres titubantes de l'adresse
tout comme ma vérité cachetée
planaient à présent au-dessus de l'océan.

L'Atlantique argenté et reptile.
Les barrières de nuages. Le bateau de pêcheurs
tel un noyau d'olive qu'on recrache.
Et la cicatrice blafarde du sillage.

Le travail avance lentement ici-bas.
Je lorgne souvent du côté de l'horloge.
Dans le silence cupide
les ombres des arbres sont des chiffres obscurs.

La vérité repose par terre
mais personne n'ose la prendre.
La vérité est dans la rue.
Et personne ne la fait sienne.

MADRIGAL

J'ai hérité d'une sombre forêt où je me rends rarement. Mais un jour, les morts et les vivants changeront de place. Alors, la forêt se mettra en marche. Nous ne sommes pas sans espoir. Les plus grands crimes restent inexpliqués, malgré l'action de toutes les polices. Il y a également, quelque part dans notre vie, un immense amour qui reste inexpliqué. J'ai hérité d'une sombre forêt, mais je vais aujourd'hui dans une autre forêt toute baignée de lumière. Tout ce qui vit, chante, remue, rampe et frétille! C'est le printemps et l'air est enivrant. Je suis diplômé de l'université de l'oubli et j'ai les mains aussi vides qu'une chemise sur une corde à linge.

ORVET

Le serpent d'airain, ce lézard sans pattes, coule le long
   de l'escalier du perron,
majestueux et lent comme un anaconda, seule la taille
   diffère.
Le ciel est drapé de nuages que le soleil transperce.
   Telle est la journée.

Ce matin, ma très douce a chassé les démons.
Comme dans le Sud, quand on ouvre la porte d'une
   remise obscure,
et la lumière jaillit,
et les cafards filent vite vite dans les coins et jusqu'en
   haut des murs
et disparaissent — on les a vus sans les voir,
ainsi sa nudité a fait fuir les esprits.

Comme s'ils n'avaient jamais été là.
Mais ils vont revenir
pour, de leur mille mains, bouleverser le vétuste central
   téléphonique de nos nerfs.

Nous sommes le 5 juillet. Les lupins s'étirent comme
 s'ils voulaient voir la mer.
Nous sommes dans l'église du mutisme, dans une
 ferveur sans dogmes.
Comme si les visages intraitables des patriarches
 n'existaient pas,
ni la faute d'orthographe, inscrite dans la pierre avec
 le nom de Dieu.

À la télévision, j'ai vu un prédicateur dogmatique qui
 récoltait des tas d'argent.
Il semblait désormais fatigué et devait s'appuyer sur
 un garde du corps,
un jeune homme bien mis, au sourire aussi tendu
 qu'un bâillon.
Un sourire qui étouffait un cri.
Le cri de l'enfant laissé seul dans un lit d'hôpital,
 quand ses parents s'en vont.

Le divin effleure l'homme et allume un brasier,
mais se retire ensuite.
Pourquoi donc ?
La flamme attire les ombres, elles s'y jettent en
 craquant et s'accouplent au brasier
qui noircit et s'élève. Et la fumée s'étale, suffocante et
 noire.
Seule la fumée noire, à la fin, seul un bourreau dévot.

Le bourreau dévot se penche
sur la place, et vers cette foule qui forme le miroir
 papuleux
où il se contemple.

Les plus grands fanatiques sont les plus grands sceptiques. Mais ils ne le savent pas.
Ils ne sont qu'un pacte scellé entre deux êtres,
dont l'un doit être à cent pour cent visible et l'autre invisible.
Ce que je déteste l'expression «à cent pour cent»!

Ceux qui jamais ne résident autre part que dans leur façade,
ceux qui jamais ne sont distraits,
ceux qui jamais n'ouvrent la mauvaise porte pour entrapercevoir Le Non-Identifié,
laissez-les donc!

Nous sommes le 5 juillet. Le ciel est couvert de nuages que le soleil transperce.
Le serpent d'airain coule le long de l'escalier du perron, majestueux et lent comme un anaconda.
Un serpent d'airain, comme s'il n'y avait pas d'administrations.
Un orvet, comme s'il n'y avait pas d'idolâtrie.
Des lupins, comme s'il n'y avait pas de «cent pour cent».

Je connais bien cet abîme, on s'y trouve autant prisonnier que souverain, comme Perséphone.
Je suis souvent descendu me coucher dans l'herbe raidie, et j'ai vu la terre se voûter au-dessus de ma tête.
La voûte terrestre.
Souvent, la moitié de ma vie.

Mais mon regard m'a quitté aujourd'hui.
Ma cécité s'en est allée.
Les sombres chauves-souris ont quitté mon visage et cisaillent, de-ci, de-là, l'espace radieux de l'été.

FUNESTE GONDOLE

SORGEGONDOLEN

1996

AVRIL ET SILENCE

Le printemps est désert.
Un fossé de velours assombri
rampe à mes côtés
sans se mirer.

Les seules à briller
sont ces fleurs jaunes.

Mon ombre me porte
comme un violon
dans sa boîte noire.

Tout ce que je voudrais dire
reluit hors de portée
comme l'argenterie
chez l'usurier.

AU ROYAUME DE L'INCERTITUDE

Le chef de bureau se penche et dessine une croix
et ses boucles d'oreilles oscillent comme les épées de
 Damoclès.

Tel un papillon tacheté invisible sur le sol
le démon se confond au journal déployé.

Un casque, que nul ne porte, a saisi le pouvoir.
La tortue-mère s'en va, s'envole sous les vagues.

JOURNAL DE NUIT

Une nuit de mai, j'ai accosté
dans une fraîche clarté lunaire
là où les fleurs et les herbes sont grises
mais les senteurs verdoient.

J'ai glissé en haut de la colline
dans la nuit daltonienne
alors que des pierres blanches
le signalaient à la lune.

Un espace de temps
de quelques minutes de long
de cinquante-huit ans de large.

Et derrière moi
au-delà de l'eau plombée
s'étendait l'autre rive
et ceux qui la gouvernent.

Des gens avec un avenir
à la place du visage.

FUNESTE GONDOLE N° 2

I

Deux vieillards, le beau-père et le beau-fils, Liszt et Wagner, habitent sur le Canal Grande
avec cette femme nerveuse qui est l'épouse du roi Midas
lui qui change en Wagner tout ce à quoi il touche.
Le froid vert de la mer remonte par le sol du palais.
Wagner est marqué, le célèbre profil du guignol plus fatigué qu'avant
son visage un drapeau blanc.
La gondole est lourdement chargée de vie, deux allers et retours et un aller simple.

II

Une fenêtre du palais s'envole et on grimace au courant d'air soudain.

Et dehors sur l'eau, la gondole des éboueurs s'avère
   être ramée par deux bandits manchots.
Liszt a noté quelques accords qui sont si lourds qu'il
   faudrait les envoyer
pour analyse à l'Institut de Minéralogie de Padoue.
Des météorites !
Trop lourds pour reposer, ils ne peuvent que tomber et
   tomber dans l'avenir jusqu'au fond
aux années des chemises brunes.
La gondole est lourdement chargée des roches tapies de
   l'avenir.

III

Lucarnes sur 1990.

25 mars. Inquiétude pour la Lituanie.
Ai rêvé que je visitais une grande infirmerie.
Pas de personnel. Il n'y avait que des malades.

Dans le même rêve, une petite fille nouveau-née
qui prononçait des phrases entières.

IV

À côté du beau-fils qui est l'homme de l'heure, Liszt est un grand seigneur mangé aux mites.
Mais c'est un artifice.
Les tréfonds qui essayent et rejettent différents masques lui ont choisi celui-ci —
les tréfonds qui veulent remonter jusqu'à l'homme sans montrer leur visage.

V

L'abbé Liszt est habitué à porter sa valise sous la neige fondue et les rayons du soleil
mais lorsqu'un jour il mourra, personne ne viendra plus le chercher à la gare.
La douce brise d'un cognac bien charpenté l'emporte au milieu d'une mission.
Car il a toujours une mission.
Deux mille lettres par an!
L'écolier qui réécrit cent fois un mot mal orthographié avant qu'il ne puisse rentrer chez lui.
La gondole est lourdement chargée de vie, elle est simple et noire.

VI

De nouveau en 1990.

Ai rêvé que j'avais fait deux cents kilomètres pour rien.
Lorsque tout a grandi. Des moineaux grands comme des poules
qui chantaient à vous crever les tympans.

Ai rêvé que je dessinais les touches d'un piano
sur la table de la cuisine. Sur lesquelles je jouais, en silence.
Les voisins entraient pour m'écouter.

VII

Le clavier qui s'est tu durant tout *Parsifal* (mais qui a écouté) peut enfin exprimer quelque chose.
Soupirs... sospiri...
Quand Liszt joue ce soir, il garde la pédale marine pressée
pour que les forces vertes de la mer remontent par le sol et s'unissent aux pierres de l'édifice.
Bonsoir, belles profondeurs!
La gondole est lourdement chargée de vie, elle est simple et noire.

VIII

Ai rêvé que je devais retourner à l'école mais que j'arrivais en retard.
Tout le monde dans la salle portait un masque blanc sur le visage.
Impossible de dire qui était le professeur.

Note : En 1882-1883, Liszt rend visite à sa fille Cosima et à son époux Richard Wagner à Venise. Wagner meurt quelques mois plus tard. Les deux pièces pour piano de Liszt intitulées *Trauer-Gondel* (Funeste gondole) datent de cette période.

PAYSAGE ET SOLEILS

Le soleil glisse derrière la façade
s'installe au milieu de la rue
et nous jette son souffle
vermeil à la figure.
Innsbruck, il faut que je te quitte.
Mais demain
un soleil de braise viendra
dans la forêt moribonde et grise
où nous irons vivre et travailler.

NOVEMBRE EN EX-RDA

L'œil tout-puissant du cyclope était monté entre les nuages
et l'herbe s'ébrouait dans la poussière de charbon.

Meurtris par les rêves de la nuit
nous montons à bord d'un train
qui s'arrête à toutes les gares
pour y pondre des œufs.

Tout semble tranquille.
Tintement des seaux des cloches des églises
qui vont chercher de l'eau.
Et la toux implacable de quelqu'un
qui s'en prend à tout et tout le monde.

Une idole de pierre qui remue les lèvres :
c'est la ville.
Où les malentendus dominent
parmi les vendeuses des kiosques les bouchers les couvreurs officiers de marine
des malentendus d'airain, les universitaires.

Que mes yeux me font mal!
ils ont lu à la sourde lueur des lanternes des lucioles.

Novembre nous offre des bonbons de granit.
Chose imprévisible!
Comme l'histoire du monde
qui rit au mauvais moment.

Pourtant, nous entendons tinter
les seaux des cloches des églises qui vont chercher de
   l'eau
tous les mercredis
— mais sommes-nous mercredi? —
voilà ce qu'on nous donne en guise de dimanches!

EN JUILLET 1990

C'était un enterrement
et je sentais que le mort
devinait mes pensées
mieux que moi-même.

L'orgue s'était tu, et les oiseaux chantaient.
La fosse là-bas sous le soleil.
La voix de mon ami demeurait
au revers des minutes.

Je rentrai chez moi pénétré
par l'éclat de cette journée d'été
la pluie et le silence
pénétré par la lune.

LE COUCOU

Un coucou criait dans le bouleau, un peu au nord de la maison. Il criait si fort que je crus d'abord à un chanteur d'opéra qui imitait un coucou. Puis je l'aperçus, ébahi. Ses plumes caudales montaient et redescendaient à chaque intonation, comme le levier d'une pompe. L'oiseau sautillait à pattes jointes, se retournait et criait en tous sens. Il décolla ensuite, survola la maison en lâchant quelques jurons, et partit très loin vers l'ouest... L'été vieillit et tout se confond en murmures mélancoliques. Le cuculus canorus retourne sous les Tropiques. En Suède, son temps est passé. Il n'a pas été bien long! En réalité, le coucou est citoyen du Zaïre... Je ne suis plus tout à fait aussi heureux de voyager. Mais les voyages viennent me visiter. Maintenant qu'on me met de plus en plus à l'écart, que mes cercles annuels augmentent, que j'ai besoin de lunettes pour lire. Il se passe toujours beaucoup plus de choses que nous ne pouvons en supporter. Il n'y a rien de quoi il faille s'étonner. Ces pensées me portent avec autant de constance que Susi et Chuma portaient la momie de Livingstone à travers l'Afrique.

TROIS STROPHES

I

Le chevalier et sa dame
pétrifiés mais heureux
sur un couvercle de sarcophage
qui s'envole hors du temps.

II

Jésus levait une médaille
avec Tibère en profil
un profil sans amour
le pouvoir en circulation.

III

Un glaive ruisselant
extermine les souvenirs.
En terre rouillent
trompettes et ceinturons.

COMME QUAND ON ÉTAIT ENFANT

Comme quand on était enfant: un incroyable affront
vous passe sur la tête comme un sac
et, par les mailles du sac, on entrevoit le soleil
on entend fredonner les cerisiers.

Mais rien n'y fait, le grand affront
vous couvre la tête et le torse et les genoux
et on avance sporadiquement
mais sans être heureux du printemps.

Oui, c'est ça, un bonnet scintillant qu'on tire sur les yeux
pour regarder entre les mailles.
Dans la baie, sans un bruit, des ronds fourmillent sur l'eau.
Des feuilles vertes obscurcissent la terre.

DEUX VILLES

De chaque côté d'un détroit, deux villes :
l'une est assombrie, occupée par l'ennemi.
Dans l'autre les lampes brillent.
La plage éclairée hypnotise l'obscure.

Je nage en transe très loin
sur les eaux miroitantes et noires.
Le son assourdi d'un tuba m'envahit.
C'est la voix d'un ami, prends ta tombe et pars.

LA LUMIÈRE NOUS INONDE

Les longues bêtes du printemps errent devant la fenêtre
et le dragon transparent des rayons du soleil
passe tel un train de banlieue
infini — dont jamais nous n'avons vu la tête.

Aussi fières que des crabes, les villas de la plage
se déplacent sur le côté.
Le soleil fait scintiller les statues.

L'océan de feu déchaîné dans l'espace
se transmue en caresse.
Le compte à rebours est entamé.

VOYAGE NOCTURNE

Ça grouille sous nos pieds. Le train avance.
L'Hôtel Astoria frémit.
Un verre d'eau au bord du lit
reluit dans les tunnels.

Il rêvait qu'il était prisonnier au Svalbard.
La planète tournait dans un bruit de tonnerre.
Des yeux étincelants s'en allaient sur les glaces.
La beauté des miracles était inaltérée.

HAÏKUS

I

Les lignes à haute tension
s'étirent au royaume du froid
au nord de toute musique.

*

Le soleil blanc
s'entraîne seul face
aux monts bleus de la mort.

*

Nous devrons vivre
avec l'herbe apaisée
et le rire des catacombes.

*

Le soleil est bas maintenant.
Nos ombres sont géantes.
Bientôt tout sera dans l'ombre.

II

Les orchidées.
Des pétroliers glissent au loin.
C'est la pleine lune.

III

Tours moyenâgeuses,
ville inconnue, sphinx glacés,
arènes vides.

*

Le feuillage a murmuré
qu'un sanglier jouait de l'orgue.
Et les cloches ont tinté.

*

Et la nuit coule
d'est en ouest à
la vitesse de la lune.

IV

Un couple de libellules
enchevêtrées
est passé dans un bruit d'ailes.

*

Présence de Dieu.
Une porte close s'est ouverte
dans le tunnel des chants d'oiseaux.

*

Des chênes et la lune.
Clarté et constellations muettes.
Le froid de la mer.

DE L'ÎLE EN 1860

I

Un jour qu'elle rinçait son linge sur le ponton
le froid du détroit lui remonta par les bras
et jusque dans l'existence.

Les larmes se glacèrent en lunettes.
L'île s'était soulevée d'elle-même dans l'herbe
et l'étendard des harengs ondulait dans les bas-fonds.

II

Et l'essaim des grains de variole le rattrapa
pour se poser sur son visage.
Il est couché et fixe le plafond.

Comme ils ont ramé pour sortir du silence.
La tache éternellement mouvante de l'actualité.
Le point éternellement sanglant du présent.

SILENCE

Passe ton chemin, on les a enterrés...
Un nuage glisse sur le disque solaire.

La famine est un grand édifice
qui se déplace la nuit durant.

Dans la chambre, la barre obscure d'une
cage d'ascenseur s'ouvre sur les entrailles.

Des fleurs dans le fossé. Fanfares et silence.
Passe ton chemin, on les a enterrés...

L'argenterie survit en immenses essaims
dans les bas-fonds où l'Atlantique est d'ombre.

AU MILIEU DE L'HIVER

Une lumière blême
jaillit de mes habits.
Solstice d'hiver.
Des tambourins de glace cliquetante.
Je ferme les yeux.
Il y a un monde muet
il y a une fissure
où les morts passent la frontière
en cachette.

UNE ESQUISSE DE 1844

Le visage de William Turner semble bruni par les intempéries
son chevalet est posé là-bas au milieu des brisants.
Nous suivons le câble vert-argent jusque dans les profondeurs.

Turner s'en est allé sur la pente douce du Royaume des morts.
Un train entre en gare. Approche!
La pluie, la pluie navigue au-dessus de nos têtes.

POÈMES COURTS
KORTA DIKTER
2002

PARAPHES

Je dois passer
le seuil obscur.
Une salle.
Blanc, le document rayonne.
Bien des ombres s'y déplacent.
Tous veulent le signer.

Jusqu'à ce que la lumière m'eût rattrapé
et qu'elle eût replié le temps.

FAÇADES

I

Tout au bout du chemin, j'aperçois le pouvoir
et il ressemble à un oignon
dont les visages superposés
se détachent peu à peu...

II

Il est minuit. Les théâtres se vident.
Les mots flamboient sur les façades.
Le mystère des lettres restées sans réponse
s'abîme dans ce froid scintillement.

LE ROCHER AUX AIGLES

Derrière le verre du terrarium
des reptiles
étrangement inertes.

Une femme accroche son linge
dans le silence.
La mort est à l'abri du vent.

Mon âme glisse
dans les profondeurs du sol
aussi paisible qu'une comète.

NOVEMBRE

Quand le bourreau s'ennuie, il devient dangereux.
Le ciel enflammé s'enroule sur lui-même.

On entend des coups d'une cellule à l'autre
et l'espace afflue de la terre gelée.

Quelques pierres brillent comme des lunes pleines.

IL TOMBE DE LA NEIGE

Les enterrements sont
de plus en plus nombreux
comme les panneaux indicateurs
lorsqu'on approche d'une ville.

Le regard de milliers d'hommes
au pays des longues ombres.

Un pont se construit
lentement
droit dans l'espace.

LA GRANDE ÉNIGME

DEN STORA GÅTAN

2004

I

Une lamaserie
et ses jardins suspendus.
Des tableaux de bataille.

*

Le mur de la désespérance...
Les pigeons vont et viennent
sans visage.

*

Les pensées sont à l'arrêt
comme les carreaux de faïence
de la cour du palais.

*

Suis sur le balcon
dans une cage solaire —
tel un arc-en-ciel.

*

Fredonne dans la brume.
Au loin un bateau de pêche —
trophée sur l'eau.

*

Des villes miroitantes :
tons, légendes, mathématiques —
bien que différentes.

II

Un renne en plein soleil.
Les mouches cousent et cousent encore
son ombre sur le sol.

III

Un vent mordant
traverse cette nuit la maison —
le nom des démons.

*

Des pins pelucheux
sur la même tourbe tragique.
Encore et toujours.

*

Porté par l'obscurité.
J'ai croisé une grande ombre
dans une paire d'yeux.

*

Soleil de novembre...
mon ombre géante nage
et se fait chimère.

*

Ces bornes milliaires
qui s'étaient mises en route.
Écoute la voix du ramier.

*

La mort se penche
sur moi, un problème d'échecs.
Et elle a la réponse.

IV

Le soleil disparaît.
Le remorqueur regarde avec
sa tête de bouledogue.

*

Sur une saillie rocheuse
on voit la fissure du mur des trolls.
Le rêve, un iceberg.

*

En remontant la falaise
sous le soleil — des chèvres
qui broutaient du feu.

V

Et les vipérines, vipérines
se dressent dans l'asphalte
comme un mendiant.

*

Ces feuilles brunes
sont aussi précieuses que les
manuscrits de la mer Morte.

VI

Sur un rayon de
la bibliothèque des fous
le sermonnaire intact.

*

Quitte donc le marais!
Les mites se tordent de rire
quand le pin sonne midi.

*

Mon bonheur s'amplifiait
et les grenouilles chantaient dans les
marais de Poméranie.

*

Il écrit, il écrit...
La glu coulait dans les canaux.
Barge sur le Styx.

*

Va en silence, comme la pluie,
au-devant du murmure des feuilles.
Écoute l'horloge du Kremlin !

VII

Forêt déconcertante
que Dieu habite sans argent.
Les murs reluisaient.

*

Ombres rampantes...
nous sommes perdus dans la forêt
dans le clan des morilles.

*

Une pie noire et blanche
court obstinément en zigzag
à travers champs.

*

Vois comme je suis assis
telle une barque tirée à terre.
Je suis heureux ici.

*

Les allées vacillent
sous les rênes du soleil.
Qui donc a appelé ?

VIII

L'herbe se dresse —
son visage, une stèle runique
érigée en souvenir.

*

Il y a ici une obscure image.
L'indigence repeinte.
Des fleurs en habit de forçat.

IX

Quand l'heure vient
le vent aveugle repose
sur les façades.

*

J'étais là moi aussi —
et sur un mur blanchi à la chaux
se rassemblent les mouches.

*

Le soleil brûlait juste ici...
Un mât aux voiles noires
d'il y a bien longtemps.

*

Tiens bon, rossignol!
Cela remonte des bas-fonds —
nous sommes travestis.

X

La mort se penche
et écrit à la surface de la mer.
L'église respire de l'or.

*

Quelque chose est arrivé.
La lune illuminait la chambre.
Dieu seul le savait.

*

Le toit s'est lézardé
et le mort peut me voir.
Ce visage.

*

Écoute bruire la pluie.
Je murmure un secret pour
entrer en son centre.

*

Scène sur le quai.
Quel calme étonnant —
la voix intérieure.

XI

Révélation.
Le pommier centenaire.
La mer est proche.

*

La mer est un mur.
J'entends crier les mouettes —
elles nous font signe.

*

Vent de Dieu dans le dos.
Le coup de feu qui vient sans bruit —
un rêve bien trop long.

*

Silence couleur de cendre.
Le géant bleu passe devant moi.
Froide brise de la mer.

*

Vent immense et paisible
de la bibliothèque marine.
Où je peux reposer.

*

Des hommes-oiseaux.
Les pommiers étaient en fleurs.
La grande énigme.

NOTES

P. 29. *Thoreau* (Henry David) : essayiste, mémorialiste et poète américain (1817-1862), dont l'essai *Sur la désobéissance civile* influença Ghandi.
P. 31. *Gogol* (Nicolas Vassilievitch) : romancier et dramaturge russe (1809-1852), maître de l'analyse des comportements de personnages fréquemment caricaturés.
P. 34. *Antistrophe :* dans la métrique classique, seconde strophe du chœur lyrique, de structure analogue à celle de la première.
P. 37. *Parques :* divinités du Destin dans la religion romaine.
P. 41. *Väinämöinen :* personnage du *Kalevala*, épopée populaire finnoise rédigée par le poète Elias Lönnrot de 1828 à 1834.
P. 46. *Homme des marais :* ou Homme de Bocksten. Il fut assassiné au XIVe siècle, empalé et enterré dans une tourbière près de la ferme de Bocksten, dans la province du Halland. Ses restes furent découverts en 1936 dans un état de conservation surprenant.
P. 61. *Huelva :* ville d'Andalousie et port industriel situé au confluent du río Tinto et de l'Oriel.
P. 62. *Lazare :* frère de Marthe et de Marie de Béthanie, il sera ressuscité par Jésus.
P. 63. *Izmir :* port de Turquie sur la mer Égée, anciennement Smyrne.
P. 64. *Lépidoptères :* papillons à deux paires d'ailes couvertes de minuscules écailles.
P. 69. *Balakirev* (Mily Alexeïevitch) : compositeur russe (1837-

1910), promoteur de l'école nationale russe et animateur du groupe des Cinq.

P. 88. *Nils Dacke:* chef du soulèvement des paysans suédois contre le roi Gustave Ier. Dacke initia la plus grande révolte de ce type de l'histoire de Suède en 1542. Il fut vaincu par le régime central et mourut en 1543.

P. 100. *Syros:* île grecque de l'archipel des Cyclades.

P. 100. *Andros:* île grecque, la plus septentrionale du même archipel.

P. 119. *Die Mauer* (all.) : ici le Mur de Berlin.

P. 119. *Mr. Pickwick:* allusion à *The Posthumous Papers of the Pickwick Club* (les Aventures de Mr. Pickwick) de Charles Dickens (1812-1870), ouvrage rédigé sous forme de roman à épisodes en 1836 et 1837.

P. 120. *Archiloque:* poète grec (v. 712 - v. 648), grand lyrique ionien, premier représentant de la poésie individuelle et inventeur de l'iambe.

P. 120. *Shiki:* poète japonais de la fin du xixe siècle.

P. 120. *Björling* (Gunnar) : écrivain moderniste finlandais (1887-1960), unique représentant du dadaïsme en Scandinavie durant les années 20 et rénovateur du langage poétique suédois par l'emploi d'un style allusif, défiant les normes grammaticales.

P. 120. *Ungaretti* (Giuseppe) : poète italien (1888-1970) qui adhéra au futurisme avant de publier des recueils de style hermétique et de poésie pure.

P. 124. *Hel:* déesse de la Mort dans la mythologie nordique.

P. 125. *Palestrina* (Giovanni Pierluigi da) : compositeur italien (1525-1594), auteur de messes, de motets, d'offertines et de madrigaux, considéré comme étant le créateur de la polyphonie.

P. 127. *Le costume de Gide:* allusion au voyage que le romancier fit en 1926 en Afrique noire, à la suite duquel il dénonça les excès du colonialisme dans *Voyage au Congo* (1927) et *Retour du Tchad* (1928).

P. 130. *Östergötland:* province du centre de la Suède.

P. 138. *Mont-joie:* vestiges de l'âge du fer sur l'île d'Öland, au large de Kalmar.

P. 142. *Grieg* (Edvard) : compositeur norvégien (1843-1907) dont l'œuvre fut fortement influencée par la vie quotidienne, la nature et le folklore de son pays.

P. 142. *sont/sont/sont:* écho dans le second mouvement de la

sonate op. 45 en *mi* bémol pour piano et violon de Grieg.
P. 143. *Os des Morts:* vision du prophète Ézéchiel.
P. 151. *Éléonore:* ouverture célèbre de Ludwig van Beethoven dont il existe trois versions datant de 1805 et 1806.
P. 154. *Kossyguine* (Alekseï Nikolaïevitch): homme politique soviétique (1904-1980), successeur de Khrouchtchev à la présidence du Conseil et adepte de la coexistence pacifique.
P. 154. *Eban* (Abba): homme politique israélien (1915-2002), ministre des Affaires étrangères lors du conflit avec l'Égypte en 1967 et partisan de négociations directes entre Israël et ses voisins arabes.
P. 164. *Quakers:* membre d'une secte créée en 1624 par George Fox en Angleterre. Les adeptes de la «Société des Amis» refusent autant la liturgie que le clergé et restent encore influents aujourd'hui aux États-Unis.
P. 166. *Chari:* fleuve du Tchad.
P. 166. *Sara:* tribu tchadienne.
P. 167. *Passchendaele:* petite ville de Belgique, au nord d'Ypres, lieu de bataille durant la Première Guerre mondiale.
P. 167. *Traité de Versailles:* signé le 28 juin 1919 entre la France, ses alliés et l'Allemagne.
P. 172. *Trilobite:* crustacé fossile, commun autour de la Baltique, au tégument dorsal divisé en trois lobes.
P. 184. *Nicodème:* allusion à la visite faite par ce pharisien à Jésus, dont il deviendra le disciple.
P. 189. *Hull:* port du nord de l'Angleterre, sur l'estuaire de la Humber.
P. 189. *Gefle* (auj. Gävle): port suédois situé à l'embouchure du Gävleån, dans le golfe de Botnie.
P. 189. *Furusund:* port situé sur une île du nord de l'archipel de Stockholm.
P. 189. *Sandefjord:* port situé à l'entré du fjord d'Oslo.
P. 189. *Hernösand* (auj. Härnösand): port suédois situé à l'embouchure de l'Ångermanälven, dans le golfe de Botnie.
P. 189. *Stettin:* orthographe allemande pour Szczecin, port du nord-est de la Pologne, sur l'estuaire de l'Oder.
P. 189. *Libau:* orthographe allemande pour Liepaja, port de Lettonie sur la Baltique.
P. 189. *Sandhamm:* port situé sur une île de l'est de l'archipel de Stockholm.

P. 190. *Compound:* machine à vapeur à plusieurs cylindres, dans lesquels la vapeur agit alternativement.
P. 194. *Gotland:* grande île suédoise dans la Baltique.
P. 199. *Liepāja:* voir Libau.
P. 216. *Värmland:* province du centre de la Suède, dont la capitale est Karlstad.
P. 217. *Protée:* dieu grec ayant le don de la divination, mais ne livrant ses prophéties qu'après avoir tenté de s'échapper ou pris des formes effrayantes.
P. 217. *Hydre de la compagnie:* rappel du monstre fabuleux de l'antiquité (hydre de Lerne), représenté sous forme de serpent dont les têtes repoussent dès qu'elles sont tranchées.
P. 221. *Transvaal:* province du nord-est de l'Afrique du Sud, dont la ville principale est Pretoria.
P. 221. «*La Girolle*»: en autrichien «*Schwammerl*».
P. 224. *E3:* route nationale traversant la Suède de Göteborg à Stockholm.
P. 225. *Carélie:* alors une république socialiste soviétique autonome, aux confins de la Finlande.
P. 225. *Sumer:* région correspondant à la Basse-Mésopotamie ; civilisation en plein développement au troisième millénaire avant Jésus-Christ. Les Sumériens ont inventé l'écriture cunéiforme et l'art du métal.
P. 230. *Orion:* constellation de la zone équatoriale.
P. 236. *Funchal:* port d'escale sur la côte orientale de l'île de Madère.
P. 250. *Turner* (Joseph Mallord William): peintre romantique anglais (1775-1851), célèbre pour ses marines et tableaux de tempêtes.
P. 251. *Ninive:* capitale de l'ancien Empire assyrien, fameuse pour la bibliothèque d'Assurbanipal et ses nombreuses légendes.
P. 251. *Ribote:* excès de table et de boisson. Se rapporte à une citation de la *Chronique d'Erik*, composée vers 1320 par un auteur inconnu.
P. 252. *Upaniṣad:* ou *Traité des Équivalences*, textes védiques, les plus anciens écrits philosophiques de l'Inde.
P. 255. *Djihâd:* ou «effort collectif» des Musulmans, qui ont pour devoir de lutter, au besoin jusqu'au sacrifice, pour la défense et le progrès de l'islam.
P. 259. *Postludium:* finale de la liturgie protestante.

P. 262. *Ileborgh* (Adam) : maître d'orgue du XVe siècle.
P. 262. *Mayone :* maître d'orgue italien de la fin du XVe et du début du XVIe siècle.
P. 262. *Dauthendey* (Maximilian) : écrivain et peintre allemand (1876-1918) de tendance expressionniste.
P. 262. *Kaminski* (Heinrich) : compositeur allemand (1886-1946) dont les œuvres furent interdites durant la période nazie. Carl Orff fut un de ses élèves à l'Académie de Berlin.
P. 266. *Maximilien :* le futur empereur germanique Maximilien Ier fut emprisonné en 1488 à Bruges.
P. 268. *Molokai :* île de l'archipel de Hawaï.
P. 268. *Damien :* religieux qui dirigea la léproserie de Molokai, où il mourut en 1889.
P. 272. *Cardiff :* grand port charbonnier du pays de Galles, sur le canal de Bristol.
P. 273. *Sainte-Catherine :* cimetière du quartier de Södermalm à Stockholm.
P. 273. *Thuléenne :* allusion à Thulé qui, selon les Grecs et les Romains, était la terre la plus septentrionale du monde.
P. 275. *Badelunda :* nécropole de l'âge du fer au nord-est de Västerås, dans le centre de la Suède.
P. 276. *Alcaïque :* type de vers grec dont le rythme fut repris par les poètes latins.
P. 286. *Vermeer* (Jan, dit Vermeer de Delft) : peintre hollandais (1632-1675), redécouvert au siècle dernier par Étienne Thoré-Bürger et réputé pour ses intérieurs clos et son sens de la lumière.
P. 297. *Perséphone :* reine des Enfers, remontant sur terre au début du printemps et contrainte d'en repartir au moment des semences.
P. 304. *Midas :* roi de Phrygie, héros de légende ayant reçu la faculté de transformer en or tout ce qu'il touchait.
P. 305. *Lituanie :* allusion au blocus économique décrété par Moscou peu après la déclaration d'indépendance de la Lituanie au printemps 1990.
P. 307. *Parsifal :* drame musical de Wagner en trois actes, dont la première eut lieu à Bayreuth en 1882.
P. 310. *Ex-RDA :* une première version de ce poème datant de 1995 porte le titre de «Après la RDA (visite de cinq jours en 1990)».

P. 313. *Susi et Chuma :* domestiques de David Livingstone, missionnaire et explorateur britannique (1813-1873), mort de dysenterie lors d'une expédition.

P. 319. *Astoria :* hôtel à Copenhague.

P. 319. *Svalbard :* archipel de l'océan Arctique comprenant notamment le Spitzberg et découvert au XIIe siècle par les Vikings.

P. 328. *Esquisse de 1844 :* allusion au tableau de Turner, *Rain, Steam and Speed*.

LE PARTI PRIS DES SITUATIONS
DE TOMAS TRANSTRÖMER

> «... j'eus le vertige et je pleurai car mes yeux avaient vu cet objet secret et conjectural dont les hommes usurpent le nom, mais qu'aucun homme n'a regardé: l'inconcevable univers. »
>
> JORGE LUIS BORGES,
> *L'Aleph*

I

La voix de Tomas Tranströmer est celle d'un homme de notre temps, un homme dont les poèmes nous apprennent qu'il a voyagé à New York, à Molokai dans l'archipel de Hawaï, à Lisbonne, à Venise; un homme qui est surtout très ordinairement père de deux enfants, qui prend sa voiture pour se rendre à son travail, dort parfois dans des hôtels, et plus souvent encore dans sa propre maison en Suède. Exemples des situations banales sur lesquelles s'ouvre le poème: «Je me rasai un matin / devant la fenêtre ouverte du premier étage» («La Fenêtre ouverte»); «Je passai la nuit dans un motel au bord de la E3» («La Galerie»); «La pluie martèle le dessus des voitures» (Déluge sur les terres); «Le train s'arrêta loin dans le sud» (Oklahoma); etc. Rien là qu'un lecteur de cette fin de siècle n'ait pu vivre lui-même. Que Tomas Tranströmer soit *pour cette raison* un poète, c'est-à-dire pour avoir choisi d'explorer «la banale vétusté-modernité des choses, le monde ordinaire-extraordinaire de tous les instants que l'on vit», selon l'expression du poète Alain Jouffroy, n'irritera que ceux des écrivains contemporains qui prennent soin de tenir leur œuvre à l'écart de ce quotidien prosaïque et mouvant, profus et insaisissable, cette totalité du possible — le monde.

Au premier abord, ses poèmes nous semblent ainsi un « parti pris des choses ». Ils ne sont pas peuplés, comme chez Francis Ponge, de crevettes et d'oranges, d'huîtres et de prés, mais plutôt d'objets mêlés appartenant à différents âges de l'histoire. Un monde complexe s'étend sur la page : ainsi la nature suédoise, rugueuse sans être inhospitalière — des forêts profondes, des racines tortueuses, des fjords semblables à des déchirures dans la terre, des pierres partout, la neige surtout. Parfois Tranströmer exalte, c'est-à-dire ressent fortement la présence de cette nature, mais ce n'est pas en elle que ses poèmes se déploieront d'abord. Car si elle lui apparaît comme ce livre ouvert dont son compatriote Linné déchiffrait l'écriture, lui affirme que le texte est désormais incompréhensible, et la nature, retournée à cette étrangeté qu'on avait cru pouvoir percer ou domestiquer. Les métaphores abondent dans son œuvre de cette lecture désormais impossible. Il y a bien des langages, mais leur grammaire s'est à jamais perdue. Ils sont retournés à cette nuit des hiéroglyphes d'où peu de lumière sourd [1].

Retour en arrière ? Non, saut dans le nouvel inconnu où le siècle a donné à Tranströmer de vivre, un monde qui n'est plus ce jardin des espèces disposées, mais un palimpseste raturé dont nous ne déchiffrons que d'infimes fragments. L'espace naturel, dont les mouvements répondaient à des cycles repérables, est désormais encombré, traversé par tous les signes de la modernité industrielle, les villes infinies et les foules innombrables, les gratte-ciel et les ascenseurs qui s'élèvent, les voitures filant sur les autoroutes, les conversations courant le long des fils du téléphone. Des pans entiers de la réalité apparaissent, que la poésie avait jusqu'à présent abordés avec d'infinies réticences, refusant — nostalgie d'un ordre simple — de répondre de cette nouvelle complexité que la science et la technique lui révélaient. Tranströmer, lui, l'assume. S'y fraye

---

1. Ainsi Tranströmer évoque-t-il « l'écriture des lichens dans une langue inconnue sur les tuiles » (« Baltiques »), « des dialectes par douzaine dans la verdure » (« La Fenêtre ouverte »), « Je tombe sur les traces de pattes d'un cerf dans la neige. / Pas des mots mais un langage » (« En mars-79 »), « Des brisants immobiles d'herbes folles, des pagodes d'herbes folles, un texte qui jaillit... » (« La Maison bleue »), etc.

des passages. Déplace les poteaux d'angle. Avec lui, la réalité s'ouvre aux traces successives de la culture, à la superposition des âges de l'histoire, aux éclats d'une mémoire encore vive et aux signaux de ce qui est en devenir, aux pensées insoupçonnées, aux pulsations des conurbations, aux morts aussi qui grattent doucement aux portes de nos cerveaux pour se rappeler à nous : écrire comme on cartographie des étendues vierges de tout regard, comme on agrandit l'espace du possible, comme on pénètre dans le grain plus fin de l'existence.

Tranströmer ne se voue pas, en la recensant, à la banalité du monde contemporain. À l'occasion, il pointe d'ailleurs ceux qui ne cessent « d'acheter des choses pour les jeter dans la gueule des grands vides[1] » ou « ceux qui, au fond d'eux-mêmes, se méprisent parce qu'ils ne sont pas des meurtriers[2] ». Mais il sait devoir se situer dans le même monde qu'eux, pour entrer dans sa mouvance et poursuivre à son contact une expérience différente et plus risquée : celle qui nous découvre le caractère instable de la matière, cet état dont la physique moderne nous a appris qu'il en était l'essence. Et si Tranströmer est un poète très neuf, c'est bien parce qu'il donne à entendre certaines des intuitions les plus fondamentales de la science moderne, comme cette *incertitude* qui pèse sur l'affirmation qu'*il y a de l'être*, de l'être que l'on pourrait *objectivement* circonscrire — même lorsque notre perception du monde semble nous prouver le contraire.

II

En 1926, Werner Heisenberg a défini sous le titre de « Principe d'incertitude » un théorème majeur de la physique quantique : en substance, il expliquait qu'on ne peut connaître simultanément la position et la trajectoire d'une particule ; en effet, pour mesurer la position d'une particule, il faut l'éclairer, et ce faisant, l'énergie même infime dégagée par les photons lumineux modifie sa trajectoire. La portée de ce théorème est immense, car il démontre que *l'observation crée la réalité*. Bien sûr, on ne saurait affirmer que regarder la course d'une balle de tennis perturbe sa trajectoire ; mais il ne serait pas absurde d'inverser la proposition et de nous comparer à une

1. « La Galerie », voir p. 225.
2. « Schubertiana », voir p. 223.

particule ou un paquet de particules dont le cheminement est perpétuellement altéré par nos représentations instantanées, par le regard d'autrui et par l'ensemble des expériences dont chaque instant de notre existence est la trame, sans jamais que se dissipe l'incertitude qui pèse sur la définition de notre être.

Ce «flou quantique» — que l'on nommerait mieux, appliqué à la réalité macroscopique, «incertitude mentale» —, Tomas Tranströmer en a l'intuition lorsqu'il se décrit lui-même en 1989, soit à cinquante-huit ans, comme «Un espace de temps / de quelques minutes de long / de cinquante-huit ans de large[1]». Ailleurs, il se compare «à l'aiguille de cette boussole que, le cœur battant, / le coureur de cross porte dans la forêt[2]». Et il expose encore l'idée de ce portrait de soi tracé dans le mouvement de son effacement, lorsqu'il se définit comme «l'homme *invisible*, peut-être employé / par la Grande Mémoire à vivre en cet instant[3]... » Mais il tire aussi les conséquences de cette incertitude : si le réel surgit seulement dans le miroir d'une subjectivité qui se métamorphose elle-même, alors le monde objectif cesse. Seules demeurent possibles des *situations* transitoires, celles où la rencontre instantanée de l'être avec le monde redéfinit toujours les conditions de leur dialogue. Tranströmer l'affirme fortement : «Deux vérités s'approchent l'une de l'autre. L'une de l'intérieur / l'autre de l'extérieur / et on a une chance de se voir en leur point de rencontre[4].» Rien n'existe en dehors des positions successives que toute chose occupe dans le faisceau de toutes les perceptions. Il n'y a même plus de «parti pris des choses» possible, seulement un «parti pris des situations» dans lesquelles le scintillement des choses un instant nous apparaît. Le monde est bien cette infinie complexité mouvante que Tranströmer illustre ainsi : «Quatre milliards d'hommes sur terre. / Et ils dorment tous, rêvent tous. Dans chaque rêve se pressent des visages et des corps — / les gens que nous rêvons sont plus nombreux que nous», et plus loin, «Une commedia vertigineuse qui s'inscrit / entre les murs du cloître des paupières. / Un unique exemplaire. Disponible désormais! / *Et tout cela sera effacé demain*[5].»

La conception *cinétique* du réel que développent les poèmes

---

1. «Journal de nuit», voir p. 303.
2. «Retour», voir p. 233.
3. «Soir de décembre - 72» (C'est moi qui souligne), voir p. 182.
4. «Prélude, II», voir p. 163.
5. «Séminaire du rêve» (C'est moi qui souligne), voir p. 261.

de Tranströmer me paraît devoir être comprise en ce sens. Si les situations de déplacement (en voiture, en train, en avion ou à pied) sont souvent l'amorce de l'écriture, c'est parce qu'elles accélèrent la saisie de l'essence instable du réel et en déploient la figure tout au long de poèmes non pas *de circonstance*, mais *des circonstances* qui accompagnent un événement particulier, son avènement et son évanouissement. Dans le corps du poème, ce mouvement est redoublé par sa fréquente construction en séquences filmiques, vues l'une après l'autre selon des plans différents : une telle construction est en elle-même l'image de notre être au monde et de l'apparence changeante à travers laquelle ce monde nous parvient, lorsque nous abandonnons la perspective stable incarnée par un point de vue unique, pour des «points de l'œil» mobiles qui forment le regard réel. Tranströmer perçoit bien cette métamorphose dont le poème est la forme. D'elle, il dit : «Ce qui y est écrit change à chaque instant, les images / se retouchent toutes seules, les mots scintillent. / Une lame de fond roule à travers le texte, suivie de la / prochaine et d'une autre encore[1]...» Le monde est bien ce cyclone dont «l'œil» est notre propre regard, cette source du mouvement qui est aussi la paix sans quoi le mouvement serait dilution, éparpillement sans fin. Ainsi s'expliquerait l'occurrence si fréquente de l'image de l'ancre à laquelle le poète s'identifie.

III

À la fin du siècle dernier, le physicien autrichien Ernst Mach eut une formule étrange et fuyante ; il y décrivait l'univers comme «un être unilatéral dont le complément en miroir n'existe pas ou du moins ne nous est pas connu». Cette qualité de complétude, cette non-nécessité de se refléter caractérisent l'univers mais aussi chacun des objets et des êtres dont il est la somme. Tous sont à la fois «solitaires et inconnaissables[2]», écrit Clément Rosset. Ils ne veulent rien dire, sinon eux-mêmes. Ils sont «idiots» car ils ne sont jamais autres qu'eux-mêmes, mais le deviennent nécessairement dans toute image qui tente d'en capter le reflet. Cette intuition remarquable d'Ernst Mach nous inviterait à réfléchir au rôle ambigu de l'image poétique,

---

1. «Courte pause pendant le concert d'orgue», voir p. 243.
2. Clément Rosset, *Le Réel, traité de l'idiotie*, Minuit, 1977.

en particulier chez un poète en qui chacun reconnaît un maître de la métaphore. Pourquoi en effet doubler d'un reflet ce qui n'en appelle pas ? Et que peut dire l'image, lorsque l'on sait que le sens premier de l'*imago* latine est « le reflet, le portrait d'un mort » ? Le poète est-il condamné à manquer le monde en se servant de mots désignant des choses qui ne disent qu'elles-mêmes, ou à ne faire apparaître que leur disparition, *ce reflet de leur mort*, grâce à des images où il tente de les comprendre mieux ?

Tranströmer esquisse une réponse, proche de l'intuition de Mach, lorsqu'il écrit que « les images abstraites de l'univers sont aussi impossibles que l'est le dessin d'une tempête[1] ». Il comble le reflet vide où aucune image abstraite ne peut surgir, par l'image concrète, celle-là, si imparfaite soit-elle, d'une tempête. Ainsi se trouve exprimé le « litige » où s'enracine la poésie : ce litige, c'est l'illusion à combattre d'un monde *objectif* qu'il suffirait de nommer pour le voir apparaître. C'est le leurre à dissiper d'une identité entre les mots et les choses. Mais c'est aussi le combat à mener contre la langue, elle qui est faite de concepts, d'essences, pour que l'accidentalité du monde et l'imprévisible singularité de chaque instant vécu entrent dans la parole. C'est alors la possibilité ouverte dans l'imperfection du langage, d'une saisie du monde grâce à ce détour subjectif dont l'image est la figure rhétorique la plus achevée[2].

Trop humble, Tranströmer, c'est-à-dire trop rieur ; il déclarait discrètement éprouver ce litige en évoquant toutes ces « choses qu'on ne peut écrire ni passer sous silence[3] », désignant ainsi la faille étroite, la ligne de crête où chemine son poème. Surgit l'image poétique qui, dans le bord à bord où elle dispose la chose en son reflet, exprime la nécessité de surmonter cette double impossibilité de dire et de taire.

Qu'elle soit métaphore, analogie ou comparaison, l'image redouble la chose, la sort de cette indifférence où le langage

---

1. « Courte pause pendant le concert d'orgue », voir p. 242.
2. Dans *Les Eaux étroites*, Julien Gracq définissait ce litige en ces termes : « Pour moi, les secrets du langage percés à jour ne livreraient en aucun cas ceux de la poésie (...). Dans toute tentative d'élucidation du phénomène poétique, le litige de l'homme avec le monde qui le porte — *aussi longtemps que ce monde sera ressenti comme objectif* — , litige où fondamentalement la poésie s'enracine, ne peut à aucun moment faire figure de tiers exclu », José Corti, 1976. (C'est moi qui souligne.)
3. « Lamento », voir p. 104.

que Tranströmer dit «conventionnel» la tient; la sort de son *idiotie* en lui donnant un reflet, cette différence dont notre regard nécessairement la doue. Sans doute ce langage «conventionnel» suffit-il à désigner les objets que nous plions à nos usages : leur silence, c'est-à-dire leur façon d'être absents des mots, signale assez notre familiarité avec eux. Mais lorsque soudain nous *réalisons* leur présence dans son épaisseur et sa différence véritables, alors leur altérité radicale nous apparaît. Ni les noms communs ni nos usages quotidiens n'épuisent ce surplus (comme l'acte de boire n'épuise ni la forme, ni la matière, ni la transparence du verre dont nous nous servons). Ce surplus est l'appel auquel l'image répond, comme la capacité des choses à être dites autrement est l'image de cette altérité en elles qui nous engage infiniment, interminablement à les connaître. Ce double mouvement peut être appelé *réalisation*. *Réaliser*, c'est prendre conscience ET rendre réel; c'est répondre à la nécessité que deux vérités s'approchent, «l'une de l'intérieur, l'autre de l'extérieur», l'une dicible, l'autre visible, et dialoguent par-delà leur séparation.

L'image poétique ne rétablit pas par un jeu de similitudes, de concordances et d'accords l'unité du réel. Dans son détour, elle désigne au contraire l'irréductible discontinuité entre les mots et les choses, et dit le saut qu'il nous faut accomplir hors de notre séjour pour aller au devant du monde. Tel est le sens du face-à-face que crée la poésie. Entre la chose visible et son reflet dicible, il y a un abîme laissé ouvert, comme la forme même des questions sur lesquelles s'ouvrent les mots lorsqu'ils se découvrent différents de ce qu'ils nomment. L'image poétique est cette forme donnée à la rupture, elle est cet appel au saut suscité par la distance significative où les mots sont placés quand ils entendent en eux la question qui les fonde. Cette distance peut être appelée *l'aléa*, car elle est le tour imprévisible que le poète lui donne pour que paraisse l'éclat jamais vu auparavant de la chose dans son nom. Il y a une joie réelle, un *transport* chez Tranströmer, à acheminer le poème jusqu'à l'instant où l'irruption abrupte de choses soudain le rompt, le déploie dans une image qui n'est pas un simple ornement, mais cette encoche ouverte dans la langue livrant passage à du sens[1].

1. Le premier sens du mot «métaphore» est bien «transport». On peut d'ailleurs voir en Grèce des camions de déménagement où se déploie en lettres capitales le mot «MÉTAPHORE».

On a souvent signalé chez Tranströmer la nature cosmique de ses images, mais sans souligner leur très grande cohérence. Le thème, et le trope que Tranströmer lui adjoint en reflet, y sont toujours opposés à l'extrême. Leur relation fonctionne sur un principe d'écart maximal de sens, parce qu'ils appartiennent à des réalités concrètes radicalement opposées[1] — comme le sont l'univers animal, en particulier celui des insectes, et celui des objets manufacturés : « Le poids lourd et sa remorque rampent dans la brume / comme la grande ombre d'une larve de libellule[2] », écrit ainsi Tranströmer. « Une lourde voiture passe dans la rue / et fait trembler la porcelaine[3] » ; « La machine compound, aussi robuste que le cœur humain[4] » ; « les grillons comme fous cousent à la machine[5] » ; « faire confiance aux essieux qui nous portent sur l'autoroute au milieu d'un essaim d'abeilles en acier trois cents fois agrandies[6] » ; ou encore (luttant contre le vent contraire d'une tempête), « qu'il est pénible pour un papillon de remorquer une péniche[7] », etc. La saisie instantanée de cet écart maximal oblige le lecteur à traverser un espace immense de sens, et à faire l'expérience de ces « possibilités inaccessibles » qui sont pour Georges Bataille la poésie. Le lecteur parcourt alors des échelles mobiles de sens pouvant relier l'infiniment petit à l'infiniment grand, comme lorsque Tranströmer évoque cet étranger qui s'approchait, « coiffé d'un chapeau qui s'incurvait / en parodiant notre hémisphère[8] ». Poésie comme porosité donc, comme osmoses nouvelles, comme vent circulant entre des zones de haute et de basse pressions. Livre qui n'est pas l'image du monde, ce serait dérisoire, mais quelque chose qui croît en lui et y participe, un échangeur, un réseau d'images pour la circulation des choses, un jeu de connexions entre elles, et de la vitesse donnée à leur compréhension : soit dans le même mouvement, le

---

1. La première grande expérience littéraire de Tranströmer, nous rappelle Kjell Espmark, fut la lecture de textes de poètes surréalistes. Or, dès le *Manifeste du surréalisme*, André Breton faisait sienne cette recommandation de Pierre Reverdy : « Plus les rapports des deux réalités rapprochées seront lointains et justes, plus l'image sera forte. »
2. « Trafic », voir p. 157.
3. « Élégie », voir p. 186.
4. « Baltiques », voir p. 190.
5. *Ibid*, voir p. 203.
6. « Schubertiana », voir p. 222.
7. « Ouragan d'Islande », voir p. 250.
8. « Un homme du Bénin », voir p. 67.

souci d'agrandir ce qui est ouverture et le vœu de perfectionner ainsi ce dont la perfection est d'être sans fin.

Poésie comme ignorance aussi, liberté ignorante, se passant de système explicatif, ces petits moteurs à deux temps que tant d'autres élaborent. Car si la résonance des images de Tranströmer est si longue, c'est parce qu'elle est l'exacte métaphore, dans sa tension particulière, de la mission que s'assigne le poète. Cette tension relative dans laquelle se tiennent des réalités contraires, exprime en effet la contradiction du travail poétique : disposer d'instruments aussi dérisoires que des mots usés jusqu'à la roche pour renouveler les relations infinies qui nous lient au monde ; être une moyenne étendue de chair aux capacités physiques limitées, capable de concevoir l'univers sans limites, n'avoir d'autre possibilité que ce redoublement, ce bégaiement, comme pour entendre et répondre au signe que les choses nous adressent lorsqu'elles cessent d'être silencieuses. Un veilleur, un guetteur muni seulement d'une torche dans l'obscurité, ainsi se présente Tranströmer tout au long d'un réseau d'images, reliant en les opposant, l'immense obscurité et la loupiote tremblotante qui la révèle. Comme dans cette séquence : « L'autobus se traîne dans la soirée d'hiver. / Il luit comme un navire dans cette forêt de pins (...) / S'il s'arrêtait, s'il éteignait ses phares / le monde soudain disparaîtrait[1]. » Infime en apparence est ce rôle du veilleur. À l'écoute, tout en regards multipliés, attentif aux parfums, aux matières, aux surfaces, aux volumes, il mobilise ses connexions tactiles et olfactives, auditives et visuelles pour restituer la densité d'événements souvent simples mais que quelques-uns de leurs mille et uns plateaux intérieurs accordent à la rotation de l'univers. À la façon de cet homme qui, écoutant Schubert, « capte les signaux d'une vie entière en ces quelques accords, en fait assez banals, d'un quintette à cordes[2] ».

IV

Métaphysique, l'œuvre de Tranströmer l'est dans la mesure exacte où elle est avant tout une physique, à la fois une lecture fine de la matière et une physiologie de l'expérience sensible. Il arrive alors que passe l'ombre de « cette grande inconnue »

1. « Les Formules de l'hiver », voir p. 123.
1. « Schubertiana », voir p. 221.

dont Tranströmer dit participer[1], et simultanément ce moi, ce JE dont l'identité demeure obscurément repliée au cœur de ses métamorphoses[2]. Quelquefois donc, on ouvre «la mauvaise porte pour entr'apercevoir» ce que Tranströmer nomme le «Non-Identifié[3]», comme saint Jean Chrysostome l'appelait l'«akatalepton» — le non pris, le non touchable, le non compréhensible —, Rilke et après lui Bonnefoy, «l'ouvert», Bataille, «l'impossible», et Du Bouchet, «le dehors».

Le pouvoir infini de création verbale qu'exprime l'image poétique est la métaphore de notre rapport infini au monde. Par lui, nous accédons à la conscience de ce qui nous dépasse. La déchirure, l'effraction de sens que les poèmes de Tranströmer ouvrent au sein de la trame logique du langage permettent à la pensée de *s'affranchir*, c'est-à-dire de se franchir elle-même à l'instant où elle conçoit ce qui est pour elle l'extériorité radicale, à jamais hors d'atteinte, et que Tranströmer nomme pour cette raison, pauvrement, le Non-Identifié — dehors sans reflet possible car seul à n'être bordé que par une seule rive.

L'instant poétique est bien cette syncope ouverte dans la parole, lorsque la parole joue de sa capacité à être miroirs, à la fois le plein reflet, et simultanément le cadre vide, sans quoi rien ne se reflète. Tranströmer est alors proche d'anciens poètes chinois comme Li Po, Tu Fu ou Wang Wei, eux qui s'engageaient avec la poésie sur une voie illuminative. Sa saisie minutieuse de la présence des objets disposés sous son regard est saisie simultanée du vide où elles se tiennent, à la façon de ces peintures japonaises de style haboku, réalisées très vite à l'encre de chine et dont la trace, altération à peine de la transparence, est révélation de la présence du vide. Il serait vain de relier Tranströmer à ces réalités poétiques et picturales aussi éloignées en apparence de lui-même, s'il ne

1. «Carillon», voir p. 267.
2. Dans «Portrait et Commentaire», Tranströmer évoque cette improbable saisie soudaine du moi :

> *Qui suis-je ? Il y a longtemps*
> *j'approchais parfois quelques secondes*
> *ce que* JE *suis, ce que* JE *suis, ce que* JE *suis.*
> *Mais au moment de* ME *découvrir,*
> JE *m'effaçais et un trou se creusait*
> *et je tombais dedans, tout comme Alice,* voir p. 114.

3. «Orvet», voir p. 297.

s'était de son propre mouvement acheminé vers elles, et s'il n'avait appelé son travail, ses «préfaces au silence». Il n'y a donc rien de surprenant à ce que ses derniers poèmes soient des haïkus, ni que, dans leur rareté, dans la lenteur qui préside si souvent à leur élaboration, Tranströmer fasse une expérience similaire à celle du «satori», cet éveil zen, cette révélation, ce saut. Chez lui comme chez les poètes et les peintres japonais et chinois, la pensée visuelle précède la pensée conceptuelle, l'acte d'écrire ou celui de peindre venant seulement donner une forme à ce contact fulgurant et sans forme de l'être avec le monde. Auparavant, en de multiples étapes, il aura senti que les mots désignent aussi dans les formes de la matière, l'apparence que prend le vide[1]. Tel est le sens, si délicat, des ellipses nombreuses ouvertes dans ses poèmes : distance à laquelle les choses se tiennent les unes des autres, tunnels à traverser, silence à franchir entre les événements appartenant à plusieurs saisons de l'écriture ou de la vie, vides au bord desquels nous cheminons. De la présence de ce vide logé au cœur de toute chose et entourant toute chose, de l'excès de silence sur quoi la parole se reclôt, voûte après voûte jusqu'à l'infini[2], Tranströmer donne une image infiniment étrange et belle lorsqu'il écrit : «Il n'y a de paix qu'à l'intérieur, dans l'eau du vase que personne ne voit, mais la guerre fait rage sur ses parois[3].»

Peut-être la grande neige suédoise l'a-t-elle porté au devant de cette expérience. Dans «En mars-79», des pattes de cerf lui révélaient la présence de cette neige, tandis que sa matière diaphane conservait en creux le passage de la bête. Unissant l'une et l'autre, la neige et la bête, il écrivait : «L'indomptable n'a pas de mots. / Ses pages blanches s'étalent dans tous les sens[4]!» Les Japonais appellent *Ma* cet intervalle laissé vide dans l'espace entre deux objets, ou encore cette pause entre deux sons. Musicien accompli, Tranströmer connaît la valeur de ces espaces entre les tons ou de ces syncopes entre les notes par où le silence, le rien, le *Ma* apparaît.

---

1. Ainsi dès «Le jour chavire», publié dans les années 50 (voir p. 40) : «Le sapin est debout, comme le curseur de l'horloge, / denetlé. La fourmi s'embrase à l'ombre de la montagne. / Cris d'oiseaux ! Et enfin. Doucement, le chariot des nuages / s'est mis à avancer.»
2. «Voûtes romanes», voir p. 288.
3. «Baltiques», voir p. 195.
4. «En mars-79», voir p. 244.

Poétique subtile que celle de ces interstices. Création de jointures, de charnières, de sutures, de planches d'appel. Désir de rapports amoureux allant et venant dans la langue, ayant souci de positions différentes, faisant s'écarter puis se joindre l'infime et l'infini, s'accorder le bruit passager du monde au bruit de fond de l'univers, et cela au cœur de la texture la plus contemporaine du monde. Poésie qui, pour cette raison, ne prend pas fin, n'est pas pour autant infinie, mais suspendue à ce qui vient, et trouve là le lieu où être recommencée par ceux qui la lisent.

RENAUD EGO

NOTE BIO-BIBLIOGRAPHIQUE

Psychologue de formation, Tomas Tranströmer est né à Stockholm en 1931 et décédé dans la même ville en 2015. Considéré dès les années 50 comme l'un des poètes marquants du XXe siècle, il s'est vu entre autres décerner le prix Pétrarque (Allemagne) en 1981, le Grand prix du Conseil nordique en 1989, le Neustadt International Prize (États-Unis) en 1990, le prix nordique de l'Académie suédoise en 1991, le prix Horst Bienek (Allemagne) en 1992, le prix August Strindberg (Suède) en 1996, le prix Jan Smerek (Slovaquie) en 1998, la Couronne d'Or des Poètes (Macédoine) en 2003, le prix Nonino (prix international de Littérature, Italie) en 2003, le prix de la Grande Ourse (Pékin) et le prix Mayagi Kami Siho (Japon) pour *La Grande Énigme*, en 2004. Par ailleurs, il a contribué à faire connaître dans son pays l'œuvre de poètes étrangers tels que James Wright, Robert Bly ou János Pílinsky. Tomas Tranströmer a été traduit en cinquante-cinq langues.

1954 : *17 Dikter* (17 poèmes). 1958 : *Hemligheter på vägen* (Secrets en chemin). 1962 : *Den halvfärdiga himlen* (Ciel à moitié achevé). 1966 : *Klanger och spår* (Accords et traces). 1970 : *Mörkerseende* (Visions nocturnes). 1973 : *Stigar* (Sentiers). 1974 : *Östersjöar* (Baltiques). 1978 : *Sanningsbarriären* (La Barrière de vérité). 1983 : *Det vilda torget* (La Place sauvage). 1989 : *För levande och döda* (Pour les vivants et les morts). 1993 : *Minnerna ser mig* (Les souvenirs m'observent, *Mémoires*). 1996 : *Sorgegondolen* (Funeste gondole). 2001 : *Fängelse* (Prison). 2004 : *Den stora Gåtan* (La Grande Énigme). Hormis *Prison* (éditions Edda), tous les ouvrages de Tomas Tranströmer sont publiés en Suède par les éditions Albert Bonnier.

En français, tous ses ouvrages sont publiés par Le Castor Astral. 1989 : *Baltiques* et autres poèmes. 1996 : *Œuvres complètes (1954-1996)*. 2004 : *La Grande Énigme* et *Les souvenirs m'observent*.

Le prix Nobel de littérature lui a été décerné en 2011.

Avertissement de Kjell Espmark	7
«*Tomas Tranströmer, poète du silence*», préface de *Jacques Outin*	13
17 poèmes	23
Secrets en chemin	53
Prison	77
Ciel à moitié achevé	81
Accords et traces	111
Visions nocturnes	149
Sentiers	167
Baltiques	187
La Barrière de vérité	207
La Place sauvage	239
Pour les vivants et les morts	269
Funeste gondole	299
Poèmes courts	329
La Grande Énigme	337
Notes	357
«*Le parti pris des situations de Tomas Tranströmer*», postface de *Renaud Ego*	363
Note bio-bibliographique	375
	377

DERNIÈRES PARUTIONS

391. Michel Butor — *Anthologie nomade.*
392. *** — *Anthologie de la poésie lyrique latine de la Renaissance.*
393. *** — *Anthologie de la poésie française du XVIe siècle.*
394. Pablo Neruda — *La rose détachée.*
395. Eugénio de Andrade — *Matière solaire.*
396. Pierre Albert-Birot — *Poèmes à l'autre moi.*
397. Tomas Tranströmer — *Baltiques.*
398. Lionel Ray — *Comme un château défait.*
399. Horace — *Odes.*
400. Henri Michaux — *Poteaux d'angle.*
401. W. H. Auden — *Poésies choisies.*
402. Alain Jouffroy — *C'est aujourd'hui toujours.*
403. François Cheng — *À l'orient de tout.*
404. Armen Lubin — *Le passager clandestin.*
405. Sapphô — *Odes et fragments.*
406. Mario Luzi — *Prémices du désert.*
407. Alphonse Allais — *Par les bois du Djinn.*
408. Jean-Paul de Dadelsen — *Jonas* suivi des *Ponts de Budapest.*
409. Gérard de Nerval — *Les Chimères,* suivi de *La Bohême galante, Petits châteaux de Bohême.*
410. Carlos Drummond de Andrade — *La machine du monde* et autres poèmes.

411.	Jorge Luis Borges	*L'or des tigres.*
412.	Jean-Michel Maulpoix	*Une histoire de bleu.*
413.	Gérard de Nerval	*Lénore et autres poésies allemandes.*
414.	Vladimir Maïakovski	*À pleine voix.*
415.	Charles Baudelaire	*Le Spleen de Paris.*
416.	Antonin Artaud	*Suppôts et Suppliciations.*
417.	André Frénaud	*Nul ne s'égare* précédé de *Hæres.*
418.	Jacques Roubaud	*La forme d'une ville change plus vite, hélas, que le cœur des humains.*
419.	Georges Bataille	*L'Archangélique.*
420.	Bernard Noël	*Extraits du corps.*
421.	Blaise Cendrars	*Du monde entier au cœur du monde* (Poésies complètes).
422.	***	*Les Poètes du Tango.*
423.	Michel Deguy	*Donnant Donnant* (Poèmes 1960-1980).
424.	Ludovic Janvier	*La mer à boire.*
425.	Kenneth White	*Un monde ouvert.*
426.	Anna Akhmatova	*Requiem, Poème sans héros et autres poèmes.*
427.	Tahar Ben Jelloun	*Le Discours du chameau* suivi de *Jénine et autres poèmes.*
428.	***	*L'horizon est en feu.* Cinq poètes russes du XXe siècle.
429.	André Velter	*L'amour extrême et autres poèmes pour Chantal Mauduit.*
430.	René Char & Georges Braque & Jean Arp	*Lettera amorosa.*
431.	Guy Goffette	*Le pêcheur d'eau.*
432.	Guillevic	*Possibles futurs.*
433.	***	*Anthologie de l'épigramme.*
434.	Hans Magnus Enzensberger	*Mausolée* précédé de *Défense des loups* et autres poésies.

435. Emily Dickinson	*Car l'adieu, c'est la nuit.*
436. Samuel Taylor Coleridge	*La Ballade du Vieux Marin* et autres textes.
437. William Shakespeare	*Les Sonnets* précédés de *Vénus et Adonis* et du *Viol de Lucrèce*.
438. ***	*Haiku du XXe siècle.* Le poème court japonais d'aujourd'hui.
439. Christian Bobin	*La Présence pure* et autres textes.
440. Jean Ristat	*Ode pour hâter la venue du printemps* et autres poèmes.
441. Álvaro Mutis	*Et comme disait Maqroll el Gaviero.*
442. Louis-René des Forêts	*Les Mégères de la mer* suivi de *Poèmes de Samuel Wood*.
443. ***	*Le Dîwân de la poésie arabe classique.*
444. Aragon	*Elsa.*
445. Paul Éluard & Man Ray	*Les Mains libres.*
446. Jean Tardieu	*Margeries.*
447. Paul Éluard	*J'ai un visage pour être aimé.* Choix de poèmes 1914-1951.
448. ***	*Anthologie de l'OuLiPo.*
449. Tomás Segovia	*Cahier du nomade.* Choix de poèmes 1946-1997.
450. Mohammed Khaïr-Eddine	*Soleil arachnide.*
451. Jacques Dupin	*Ballast.*
452. Henri Pichette	*Odes à chacun* suivi de *Tombeau de Gérard Philipe*.
453. Philippe Delaveau	*Le Veilleur amoureux* précédé d'*Eucharis*.
454. André Pieyre de Mandiargues	*Écriture ineffable* précédé de *Ruisseau des solitudes* de *L'Ivre Œil* et suivi de *Gris de perle*.
455. André Pieyre de Mandiargues	*L'Âge de craie* suivi de *Dans les années sordides*, *Astyanax* et *Le Point où j'en suis*.
456. Pascal Quignard	*Lycophron et Zétès.*
457. Kiki Dimoula	*Le Peu du monde* suivi de *Je te salue Jamais*.

458. Marina Tsvétaïéva	*Insomnie* et autres poèmes.
459. Franck Venaille	*La Descente de l'Escaut* suivi de *Tragique*.
460. Bernard Manciet	*L'Enterrement à Sabres*.
461. ***	*Quelqu'un plus tard se souviendra de nous*.
462. Herberto Helder	*Le poème continu*.
463. Francisco de Quevedo	*Les Furies et les Peines*. 102 sonnets.
464. ***	*Les Poètes de la Méditerranée*.
465. René Char & Zao Wou-Ki	*Effilage du sac de jute*.
466. ***	*Poètes en partance*.
467. Sylvia Plath	*Ariel*.
468. André du Bouchet	*Ici en deux*.
469. L.G Damas	*Black-Label* et autres poèmes.
470. Philippe Jaccottet	*L'encre serait de l'ombre*.
471. ***	*Mon beau navire ô ma mémoire* Un siècle de poésie française. Gallimard 1911-2011.
472. ***	*Éros émerveillé*. Anthologie de la poésie érotique française.
473. William Cliff	*America* suivi de *En Orient*.
474. Rafael Alberti	*Marin à terre* suivi de *L'Amante* et de *L'Aube de la giroflée*.
475. ***	*Il pleut des étoiles dans notre lit*. Cinq poètes du Grand Nord
476. Pier Paolo Pasolini	*Sonnets*.
477. Thomas Hardy	*Poèmes du Wessex* et autres poèmes.
478. Michel Deguy	*Comme si Comme ça*. Poèmes 1980-2007.
479. Kabîr	*La Flûte de l'Infini*.
480. Dante Alighieri	*La Comédie*. Enfer – Purgatoire – Paradis.
481. William Blake	*Le Mariage du Ciel et de l'Enfer* et autres poèmes.
482. Paul Verlaine	*Cellulairement* suivi de *Mes Prisons*.
483. ***	*Poèmes à dire*. Une anthologie de poésie contemporaine francophone.

484. *** *Je voudrais tant que tu te souviennes.* Poèmes mis en chansons de Rutebeuf à Boris Vian.
485. Pablo Neruda *Vaguedivague.*
486. Robert Desnos *Contrée* suivi de *Calixto.*
487. Arun Kolatkar *Kala Ghoda.* Poèmes de Bombay.
488. Paul de Roux *Entrevoir* suivi de *Le front contre la vitre* et de *La halte obscure.*
489. Guy Goffette *Un manteau de fortune* suivi de *L'adieu aux lisières* et de *Tombeau du Capricorne.*
490. Yves Bonnefoy *L'Heure présente* et autres textes.
491. Juan Gelman *Vers le sud* et autres poèmes.
492. Michel Leiris *Glossaire j'y serre mes gloses* suivi de *Bagatelles végétales.*
493. Michel Houellebecq *Non réconcilié.* Anthologie personnelle 1991-2013
494. Henri Michaux *À distance* suivi de *Annonciation.*
495. Henri Michaux *Moments.* Traversées du temps.
496. Roger Gilbert-Lecomte *La Vie l'Amour la Mort le Vide et le Vent* et autres textes.
497. Philippe Jaccottet *L'entretien des muses.* Chroniques de poésie.
498. Philippe Jaccottet *Une transaction secrète.* Lectures de poésie.
499. Ingeborg Bachmann *Toute personne qui tombe a des ailes.* Poèmes 1942-1967.
500. Yves Bonnefoy *Les planches courbes* précédé de *Ce qui fut sans lumière* et de *La Vie errante.*
501. Ted Hughes *Birthday Letters.*
502. Luís de Camões *Les Lusiades.*
503. Xavier Bordes *La Pierre Amour.*
504. Alain Duault *Où vont nos nuits perdues* et autres poèmes.
505. Richard Rognet *Élégies pour le temps de vivre* suivi de *Dans les méandres des saisons.*

*Ce volume,
le trois cent quatre-vingt-dix septième
de la collection Poésie,
a été composé par Interligne
et achevé d'imprimer par Novoprint
à Barcelone, le 10 novembre 2015
Dépôt légal : novembre 2015
1er dépôt légal dans la collection : septembre 2004*

ISBN 978-2-07-031710-3./Imprimé en Espagne.

297279